백수의
1만 권
독서법

평범한 직장인에서 1만 권 독서가로 변신하기까지의 위대한 비밀

백수의
1만 권
독서법

김병완 지음

아템포

억대 연봉 대신 도서관 백수를 선택한
책 바보의 독서 이야기

"1만 권의 책이 있는 곳이 낙원이다." ──허균

"전쟁 때도 책을 놓지 마라." ──유성룡

"세상의 모든 책을 다 읽겠다." ──이덕무

"나는 책벌레가 되련다." ──장유

그렇습니다.

저는 바보 같았습니다. 아니, 바보였습니다.

억대 연봉 대신 1만 권 독서를 선택한, 바보 같은 사람입니다. 대기업이라는 안정적인 직장을 버리고, 억대 연봉을 마다하고 도서관 생활을 선택했습니다.

한 남자가 있었습니다. 그 남자는 특별한 이유도 없이 잘 다니던 직장에 사표를 던집니다. 그렇게 대기업 직장인이라는 신분 대신 백수를 선택합니다. 그런 바보 같은 선택을 한 덕분에 백수가 되어 도서관에서 '1만 권 독서'를 하게 됩니다.

이 책은 바로 그 백수의 1만 권 독서 체험기이며, 그의 1만 권 독서법에 대한 이야기입니다.

백수의 1만 권 독서법은 과연 무엇일까요?

어떻게 백수는 3년 동안 1만 권 독서를 할 수 있었을까요?

백수의 1만 권 독서 비법을 한마디로 하면 무엇일까요?

1만 권 독서를 한 백수는 지금 무얼 하며 어떻게 살고 있을까요?

직장을 다니지 않고 책만 읽으면 미래가 어떻게 될까요?

『백수의 1만 권 독서법』에는 독서법을 다룬 다른 책과 마찬가지로 특별한 독서의 기술이나 훈련법 같은 것은 없습니다. 하지만 독서를 잘하고 싶고, 제대로 하고 싶고, 다른 독서가에 대해 궁금한 점이 많은 이들에게 유익하고 재미있는 책이 될 것입니다. 이렇게 특별한 독서 경험을 한 사람은 좀처럼 만나기 힘들고, 그런 사람의 생생한 이야기는 더욱더 접하기 힘들기 때문입니다.

도서관 백수는 과거에 대기업에서 자칭 잘나가는 휴대폰 연구원이었습니다. 하지만 잘나가는 휴대폰 연구원이라는 밝은 미래보다 1만 권의 책을 택한, 우직하고 바보스럽고 세상 물정 모르는 남자였습니다. 사교성도 떨어지고, 세상과도 타협하지 못하고, 아부도 못하는, 강직하고 우직하다못해 오히려 바보스러운 남자였습니다. 부동산이나 재테크에는 관심조차 없어서 자기 앞가림도 못했습니다. 회사 동기들은 입사 10년 차에 자기 소유 아파트가 두세 채씩 되고 자사주를 100주 이상 가지고 있었지만, 이 남자는 자사주 하나 없고, 입사 10년 차가 지났지만 자기 명의 아파트 한 채도 없을 만큼 바보스러운 사람이었습니다.

평범한 직장인, 아니 오히려 소심하고 어딘가 부족하고 덜떨어져 보였을 뿐만 아니라 실제로도 덜떨어진, 그런 남자였습니다.

한마디로 소처럼 우직하게 자기 일에만 전력을 다해 집중하고, 그 일만 죽어라 하던 사람이었습니다. 그렇게 해도 다른 동기들보다 뛰어난 성과를 내지는 못했습니다. 그런 바보 같았던 남자가 11년간 회사 생활을 하다가 갑자기 인생 최고의 바보 같은 결단을 하게 됩니다. 그 어떤 준비도 전략도 계획도 없이 무작정 억대 연봉을 포기하고, 도서관 생활을 하기로 결정합니다.

어느 동양 고전에, 결단을 내리고 행동하면 귀신도 무서워서 도망간다는 말이 있습니다. 제가 그렇게 바보 같은 짓을 하기로 결정하고 행동에 옮기자 가족과 주위 사람들이 난리가 났습니다. 하지만 저는 이미 책에 미쳐 있었고, 루비콘강을 건넜기 때문에 되돌릴 수는 없었습니다.

그로부터 8년이 지났습니다. 참 많은 일이 있었습니다.

환희도 있었고, 고통도 있었고, 아픔도 있었고, 상처도 있었고,

실패도 있었습니다. 그럼에도 저는 그 결정을 단 한 번도 후회하지 않았습니다. 1만 권 독서를 한 3년이라는 시간은, 제 인생에서 최고의 성장과 변화를 경험한 시기이자 눈부신 시기였기 때문입니다.

바보 같은 선택을 한 그 남자는 지금 어떻게 되었을까요?

그는 단 한 번도 독서를 성공의 사다리로 여기지 않았습니다. 독서의 즐거움을 오롯이 즐기고 누렸고, 독서라는 쓴잔을 회피하거나 외면한 적은 단 한 번도 없는, 책에 미친 바보였습니다. 그리고 그는 누군가가 추천해주는 책이나 반드시 읽어야 한다는 책을 먼저 읽으려 한 적이 결코 없었습니다.

그는 마음 가는 대로, 끌리는 대로 독서를 했습니다. 독서는 무조건 즐거워야 하고, 독서의 주인은 나 자신이어야 하고, 독서가 성공이나 출세의 수단이 되어서는 안 된다는 소신이 있었기 때문입니다. 그래서 그에게는 도서관 생활이 즐거움이었고, 특권이었고, 행복이었고, 휴식이었고, 낙원이었습니다.

반면 세상은 그를 '독충'이라고 불렀습니다. '독서만 하고 밥을 축내는 벌레'라는 뜻입니다. 번듯한 직장도 그만두고, 월급 한푼 안 나오는 도서관을 문턱이 닳도록 3년 동안 열심히 다녔기 때문입니다.

백수 무직자에 대한 편견과 낮은 평가보다 더 심한 무시를 당했습니다. 밥 먹는 시간을 빼고는 하루종일 책만 읽었기 때문입니다. 그것도 너무너무 열심히 말입니다. 밥 먹고 책만 읽는 성인 남자에 대한 세상의 평가와 무시는 상상한 것 이상이었습니다.

세상의 낮은 평가와 편견, 선입관과 무시는 한 사람을 혹독하게 만들기에 충분했습니다. 차가운 무시와 편견은 다른 한편으로는 내면을 강하게 해주었습니다.

'3년에 1만 권 독서'를 한 것이 사실은 자랑거리는 아닙니다. 그것은 책 바보였다는 사실을 다르게 표현한 것에 불과합니다. 다른 사람은 3년 10개국 여행, 혹은 3년 10채 아파트 보유, 혹은 3년 1억 원 벌기 등 자신에게 유익하고 좋은 것을 선택해 그것을 누렸을 것입니다. 자본주의 사회의 평가 기준 중 가장 강력한 것은 돈입니다.

3년 동안 돈을 많이 번 사람은 성공한 사람, 3년을 잘 보낸 사람, 능력 있는 사람으로 인정받습니다. 하지만 3년 동안 책을 많이 읽은 사람에 대한 세상의 기준은 다릅니다. 그저 '바보 같고 이상한 사람'일 뿐입니다.

많은 사람이 제게 이런 말을 했습니다.

"너는 왜 멀쩡하게 생겨가지고 남들 다 잘 다니는 직장도 안 다니고, 돈도 안 벌고, 돈 한푼 안 주는 도서관에 가서 책만 읽니? 책 읽으면 밥이 나오니, 떡이 나오니? 아파트가 생기니?"

그렇습니다. 책만 읽는다고 돈이 생기는 것은 절대 아닙니다. 그런데 말입니다. 그렇게 책을 읽었기 때문에 지금 규모는 작지만 한 회사의 대표가 될 수 있었습니다.

회사의 크기나 직원 수는 웬만한 중소기업과는 비교도 안 되겠지요. 1인 기업과 별반 다르지 않은 회사지만, 연봉은 대기업 임원과 비슷하거나 그 이상입니다. 더 좋은 점은, 하고 싶은 일을 마음껏 하면서 대기업 임원과 비슷한 연봉을 받는다는 것입니다.

억대 연봉 대신 1만 권 독서를 선택한 책 바보는, 그렇게 인생을 바꾸었습니다.

하지만 한 가지는 꼭 기억해주십시오. 그는 머리가 좋거나 재능이 출중했던 사람이 절대 아니었습니다. 그리고 3년 1만 권 독서는 이런 것들을 가능하게 해준 힘이었지만, 중도에 자만하거나 나태해졌다면 절대 이룰 수 없었던, 끈기와 '그릿'의 결과라는 점도 꼭 기억해주시기 바랍니다. 재능이 없고 머리가 좋지 못한 사람도 독서를 통해 성장하고 일가를 이룰 수 있음을 말하고 싶습니다.

물론 성장과 성공이 목표가 아니었다는 사실은 두 번 세 번 강조해도 지나치지 않을 것입니다. 동양 고전에, 사심을 품고 무언가를 하면 절대로 그것을 이룰 수 없다고 했습니다. 그가 독서를 성공의 사다리, 혹은 성공의 발판으로 이용하려 했다면 이런 성과를 낼 수 없었을 것입니다. 그것이 세상의 이치이기 때문입니다.

제 주위에는 독서를 정말 잘할 줄 아는 사람도 많습니다. 그리고 책을 정말 빨리 읽을 줄 아는 사람도 많습니다. 그리고 평생 정말 많은 책을 읽었고, 소장하고 있는 사람들도 많습니다. 하지만 저는 그런 사람들을 대단하게 여기지 않습니다.

제가 대단하게 생각하는 사람은, 독서를 제대로 즐길 줄 아는 사람입니다. 독서를 미치도록 좋아할 뿐 아니라, 독서를 위해 인생의 모든 것을 포기할 줄 아는 사람이 제게는 가장 대단해 보입니다.

공자의 말을 인용해 이렇게 말하고 싶습니다.

"독서를 잘할 줄 아는 사람은 독서를 좋아하는 사람만 못하고, 독서를 좋아하는 사람은 독서를 즐기는 사람만 못하다."

그래서 저는 덧붙이고 싶습니다.

"독서를 즐기면 인생이 바뀝니다. 하지만 인생을 바꾸기 위해 독서를 하면 절대 인생이 바뀌지 않습니다. 세상 이치가 그렇기 때문입니다."

그런데 대한민국에는 독서를 즐기는 사람이 너무 적고 좋아하는 사람도 적을 뿐 아니라, 독서를 잘할 줄 아는 사람도 적다는 사실을 알게 되었습니다.

8년 전 저는 독서를 잘할 줄 몰랐던 사람이었기에 한 계단씩 차근차근 올라갔습니다. 독서 무능력자여서 독서를 오롯이 즐길 수 있기까지 1년의 이상 시간이 필요했습니다. 하루종일 독서만 했는데도 그렇게 많은 시간이 필요했습니다.

하루 열 시간으로 계산해도 3000시간의 훈련과 노력을 해야 저같이 평범한 사람이 독서를 잘할 수 있게 되었고, 그후 또 3000시간의 훈련과 노력을 한 후에야 비로소 독서를 제대로 좋아하게 되었습니다. 그리고 그후 3000시간의 노력을 더 한 끝에 독서를 오롯이 즐길 수 있게 되었습니다.

평범한 사람이 1만 권 독서라는 어마어마한 독서의 벽을 뛰어넘게 되면 어떤 일이 벌어질까요?

저는 '퀀텀 독서법'이라는 새롭고 독창적인 독서법을 창안했습니다. 평범한 사람이 1만 권 독서의 내공과 경험을 쌓는다는 것은 상상도 하기 힘든 일입니다. 하지만 그러고 나니 3년 동안 60권을 집필하여 출간할 수 있었고, 3년 동안 200명에 육박하는 사람들에게 책 쓰기를 가르쳤고, 실제로 200명에 육박하는 사람들이 출판사와 정식으로 출간 계약을 하도록 이끌었습니다.

세상과 타협할 줄 모르고 원칙을 고수하던 바보 같은 남자는, 그래서 대기업 직장 생활은 맞지 않았는지도 모릅니다. 그런 성격 때문에 상처와 아픔을 겪기도 했고, 시련과 어려움에 부딪혔습니다. 그럼에도 불구하고 그는 자신의 결단을 단 한 번도 후회하지 않았습니다. 1만 권 독서의 즐거움이 그 어떤 성공보다, 그 어떤 실패나 시련보다 더 값지고 의미 있다고 확신하기 때문입니다.

이제 그 바보 같은 남자는 '독서 강국' 대한민국, '책 쓰기 강국' 대한민국이 실현되기를 바라며 다양한 방법으로 노력하고 있습니다.

그 바보 같은 남자는 2013년부터 3년 동안 도서관에서 재능 기부 강연을 했습니다. 그리고 한 명이라도 더 독서 천재를 만들기 위해 노력하고 있습니다. 독서 천재가 많은 나라가 바로 독서 강국이기 때문입니다.

이 책의 부록으로 '억대 연봉 대신 1만 권 독서를 선택한 책 바보가 추천하는 1000권 목록'을 실었습니다. 어떤 책을 읽어야 할지 모르는 독자들을 위해 상황별, 나이별, 목표나 방향에 따른 추천 도서를 대폭 보완하여 1000권 목록을 완성했습니다.

"무언가 위대한 것을 이루려면, 그전에 자신의 교양을 높이 쌓아야 하는 법이고, 그 길을 가는 가장 빠른 방법이 바로 독서다."

괴테의 말처럼, 우리는 독서를 통해 우리 자신을 먼저 성장시켜야 합니다.

독서의 양과 질, 독서의 두께와 수준이 당신의 부와 성공의 수준을 결정하기 때문입니다. 독서를 하면 인생이 바뀔 뿐만 아니라 뇌 회로가 극적으로 변화합니다. 독서의 위대한 힘이 여기에 있습니다.

차 례

제1장
백수의 1만 권 독서법

독서의 시작에 대하여

제2장
문맹률은 최저지만, 문해력은 꼴찌인 나라!

독서가의 고난과 시련에 대하여

제 1 장

백수의 1만 권 독서법

독서의 시작에 대하여

책을 읽지 않는 사람은 한 번의
인생을 살지만, 책을 읽는 사람
은 여러 번의 인생을 산다.
—밀란 쿤데라

꽉 막힌 인생에
돌파구가 되어준
1만 권 독서!

"작가님은 어떻게 책을 읽으세요?"

"작가님은 한 번 읽으면 다 기억이 나나요?"

"작가님은 어떤 책을 읽으세요?"

"작가님! 3년 1만 권 독서? 그거 거짓말이죠?"

수많은 독서법 강의와 방송 출연을 하다보면 가장 많이 받는 질문들이다. 사람들은 어떻게 책을 읽어야 하는지, 그리고 어떻게 해서 3년간 1만 권 독서를 하게 되었는지를 묻는다.

그럴 때마다 나는 이렇게 대답한다.

"서당 개도 3년이면 뭔가를 이루어냅니다. 사람이 3년 동안 다른 것은 하나도 안 하고 밥 먹고 책만 읽으면 어떻게 될까요? 3년 동안 밥 먹고 책만 읽었는데 몇천 권 정도 독파하는 건 기본 중의 기본이죠. 그러다 1, 2년 후에 탄력이 붙으면 굉장히 놀라운 양을 읽게 됩니다. 결국 끈기와 인내입니다."

3년 동안 밥만 먹고 책만 읽었기 때문에 그것이 가능했다고 말하지만, 이 말은 반은 맞고 반은 틀리다. 3년 1만 권 독서를 가능하게 해준 것은 다름 아닌 이 말이다.

'불광불급不狂不及.'

꽉 막힌 인생을 살아본 적이 있는가? 그 어둡고 두려운 긴 터널 속에 혼자 있어보았는가? 친구도 아군도 없이 혼자 존재하는 것 같은 적막을 느껴보았는가? 앞길이 다 막히고, 옆길도 다 막히고, 인생의 모든 길이 다 막힌 듯한 기분을 느껴보았는가?

백수로, 무직자로, 세상의 경력이나 인간관계나 사회생활을 모두 포기할 정도로 진퇴양난에 빠져보았는가?

인생 최악의 순간에, 가장 힘들었던 순간에 나에게 돌파구가 되어준 것이 바로 1만 권 독서다.

책을 한두 권 읽은 것과 1만 권을 읽은 것은 분명 다르다. 살아오면서 100권의 책을 읽은 사람과 1만 권의 책을 읽은 사람은 분명 다르다.

회사를 그만두고 돌파구로, 마지막 희망으로, 그렇게 시작한 독서는 나에게 많은 것을 선사해주었다. 처음에는 환희와 즐거움을 선사해주었다. 크나큰 즐거움과 기쁨을 누렸다.

하지만 독서가 선사해준 것은 이뿐만이 아니었다. 지독한 좌절과 절망, 혹독한 고난과 시련도 선사해주었고, 심지어 성공과 명예도 선사해주었다.

독서를 통해 기쁨과 즐거움만 경험한 사람들은 아직 갈 길이 멀지도 모른다. 독서는 마법이다. 독서를 하면 할수록 세상의 많은 것을 경험하게 되고 얻게 된다.

독서는 특권이고 축복이다. 독서를 통해 나는 많은 것을 얻었다. 기쁨과 즐거움은 당연히 포함되어 있고, 부귀영화도 포함되어 있고, 출세도 포함되어 있다. 하지만 더불어 독서 때문에 좌절과 절망도 경험했고, 고난과 시련도 경험했다.

아니, 도서관에서 조용히 책만 읽은 사람이 어떻게 그렇게 많은 것을 경험합니까? 이렇게 질문할지도 모른다. 하지만 나는 독서를 통해 세상의 상당 부분을 경험했다.

정말 신기하다. 나도 어떻게 설명해야 할지 모르겠다.

고전을 보면, 바다를 본 적이 없는 사람은 물에 대해 쉽게 설명하고 물에 대해 다 안다고 자부하지만, 바다를 보면 그후부터는 함부로 물에 대해 말하지 못한다고 나와 있다. 독서도 나에게는 물과 같았다. 하지만 거대한 독서의 바다를 경험하고 나니 이제 독서에 대해 말하는 것이 두렵기도 하다.

2, 3년 전 독서법과 독서 관련 책을 열 권 이상 쓰고, 1000명 또는 2000명 이상을 대상으로 독서법 수업을 할 때는 독서법에 대해, 독서에 대해 무서울 것이 없었다.

하룻강아지가 겁이 없는 것처럼 말이다. 5년 동안 3000명 이상의 수강생들에게 독서법을 가르치고, 독서와 독서법에 대해 더 많이 연구하고 공부할수록, 어느 순간부터 이 세상에서 가장 하기 힘든 것이 독서라는 사실을 뼈저리게 느끼게 되었다.

독서는 단순히 글자를 읽는 것이 아니다. 신이 부여한 최고의 선물인, 우주보다 더 복잡하고 오묘한 뇌를 활용해야만 수준 높은 독서가 가능하다는 사실을 알게 되고부터는 독서에 두려움까지 느끼게 되었다. 독서라는 물만 보다가 마침내 독서라는 바다를 보게 된 것이다.

독서는 그렇게 만만한 것이 아니다. 제대로 하려고 하면 말이다. 한두 권의 책을, 수십 수백 권의 책을 읽으려 한다면 아무렇게나 읽어도 되겠지만, 이런 사람은 곧 한계에 봉착하게 된다. 나 역시 그랬다.

하룻강아지 범 무서운 줄 모르고 덤비듯, 나도 처음에는 그렇게 독서의 위대함과 그 엄청난 두께도 모른 채 무작정 덤벼들었고, 그 결과 참혹한 절망과 좌절을 겪었다. 그 절망과 좌절은 8개월 동안 밥 먹고 책만 읽고 나서 비로소 알게 된 값진 교훈이었지만, 매우 쓰라린 교훈이기도 했다.

8개월 동안 월급 한푼 나오지 않는 도서관 생활을, 혼신을 다해 열심히 하고 난 뒤 얻게 된 쓰라린 교훈이었다. 나는 독서를 제대로 하지 못하는 사람이었다는 사실을 깨닫게 된 것이다. 아니, 이 말은 거짓말이다. 독서를 제대로 못하는 사람이 아니라 독서를 아예 못하는 사람이었다.

속도가 가장 문제였지만, 그보다 더 큰 문제는 이해와 유지라는 사실도 나중에 알게 되었다. 이런 독서 무능력자를 벼랑에서 구해준 독서법이 다산 선생이 강조한 독서법인 '초서 독서법'이다.

이제 나는 하루에도 수백 종, 수천 종의 책이 출간되는 현대에 맞는, 다독에 최적화된 독서법인 '퀀텀 독서법'과 우리 선조들의 효과적인 독서법인 '초서 독서법'을 병행하며 독서를 하고 있다.

물도 임계점이 넘어야 끓는다. 하물며 인간은 어떨까? 인간의 내면 또한 임계치를 넘어야 한다. 임계치를 넘으면 자기 자신에게 가장 먼저 놀라게 된다. 과거에는, 어제까지는, 꿈도 꾸지 못했던 일들을 거뜬하게 해내는 자신과 가장 먼저 맞닥뜨리게 되기 때문이다.

나는 1만 권 독서를 통해 이런 상황을 수도 없이 경험했다. 그래서 기적, 또 기적이라고 말하는 것이다. 원래부터 똑똑한 사람이 책도 많이 쓰고 새로운 독서법도 창안해낸다면 그것은 기적이 아니다. 하지만 지극히 평범했던 사람이 책을 많이 쓸 수 있는 사람이되고, 새로운 독서법을 창안해낸 것은 기적 중의 기적이다.

이 모든 것이 책에 미쳤기 때문에 가능했다. 나는 '불광불급'이라는 말이 틀리지 않다는 것을 입증한 사람 중 하나일 뿐이다. 여러분도 정말 미칠 수 있는 일이 있다면, 그리고 그 일에 3년 정도만 미친다면 분명 뭔가를 이루어낼 수 있을 것이고, 뭔가가 되어있을 것이다.

결단하고 행동하라. 지금 당장 시작하라. 결단하고 시작하면 당신도 무엇이든 할 수 있다. 세상에 공짜는 없지만, 불가능도 없다는 사실을 명심하자.

백수의 1만 권
독서 체험기가
시 작 되 다

백수의 1만 권 독서는 이렇게 시작되었다. 부산 금정산 자락 아래에 거처를 마련하고, 매일 직장 대신 구포 도서관에 출퇴근하기 시작했다. 그리고 구포 도서관에서 하루 온종일 책을 읽고 또 읽었다.

이것이 백수의 1만 권 독서법, 그 시작이다. 시작은 정말 미약하고 초라하고 볼품없었다.

어쨌든 도서관 백수가 되었다. 도서관 백수 생활을 3년이 넘게 했고, 그 기간 동안 1만 권 독서를 하게 되었다.

처음에는 상상도 할 수 없는 일이었다. 하루종일 책을 읽어도, 의지력이 부족하고 집중력도 부족하고 이해력도 부족해서 한 권도 제대로 독파하지 못했기 때문이다.

독서를 선택했으나 백수의 독서력은 최악 중 최악이었다. 달리 어떻게 말할 수 있을까?

백수는 도서관 생활을 시작하던 첫날, 자기 주제도 모르고 엄청나게 두꺼운 『군주론』을 꺼내 읽기 시작했다. 한 시간이 지나고 또 두 시간이 지났다. 아무리 읽어도 진도가 나가지 않았다. 그렇게 그 두꺼운 책과 씨름한 지 3주 만에 겨우 일독을 할 수 있었다.

비참했다. 독서 속도가 너무 느렸기 때문이다. 더 비참한 것은 아무리 기억하려 해도 읽은 내용이 하나도 기억나지 않는다는 사실이었다. 이보다 더 비참한 것은 아무것도 이해가 되지 않았다는 사실이었다.

도서관 백수는 이렇게 비참한 독서 생활을 8개월 동안 이어갔다. 그러고 8개월이 지나 소중한 사실을 한 가지 깨닫게 되었다.

"나는 독서를 너무 못하는 사람이구나! 책 한 권도 제대로 읽고 소화하지 못하는구나! 아무리 읽고 또 읽어도 머릿속에 남는 것이 하나도 없다니 정말 창피하다."

생각해보라. 8개월이라는 세월 동안 밥 먹는 시간을 제외하고 독서만 하면, 누구는 독서 천재가 되고도 남을 것이다. 하지만 도서관 백수는 독서 천재는커녕 독서 초급 수준도 벗어나지 못했다.

비참하고 혹독한 고난의 시기가 그때부터 시작되었다. 도서관 백수는 이때부터 미친듯이 독서법 책이란 책은 모조리 찾아내 읽고 또 읽었다. 하지만 획기적인 독서법은 발견하지 못했다. 그럼에도 그렇게 많은 독서법 책을 읽고 또 읽은 덕분인지, 도서관 백수는 자신에게 가장 잘 맞는 독서법을 찾아낼 수 있었다.

도서관 백수를 지금의 독서법 전문가로 만들어준 독서법은 바로

'초서 독서법'이다.

도서관 백수의 독서 생활기는 순탄하지 않았다. 첫 8개월 동안은 밑 빠진 독서만 하면서, 자신이 독서 초보 중의 초보라는 것을, 독서력이 바닥이라는 것을 제대로 깨달았다. 그때의 실망과 좌절은 이루 헤아리기 힘들 정도였다.

그후 2개월 동안 다른 책은 읽지도, 거들떠보지도 않고 독서법 책만 읽었다. 도서관에 있는 독서법 책은 모조리 읽었다. 하지만 특별한 기술이나 훈련 방법 같은 것은 발견하지 못했다.

그후 우연히 초서 독서를 시작하게 되었다. 초서 독서법은 형편없는 독서 무능력자로 하여금 독서에 눈뜰 수 있게 해주었다.

백수의 1만 권 독서기는 순탄하지 않았다. 시련과 역경도 많았다. 무엇보다 참기 힘들고 견디기 힘들었던 것은, 세상 사람들의 차가운 시선과 편견이었다. 하루종일 도서관에서 책만 읽는 도서관 백수는 그들 눈에는 그저 백수일 뿐이었다.

"어디 할 짓이 없어서 멀쩡한 사람이 일할 생각은 안 하고 돈도 안 벌고…… . 맨날 도서관에 가서 빈둥거리면 돈이 나오나, 밥이 나오나? 정신 좀 차려! 이것아!"

"팔자 좋은 도서관 한량이군, 그래! 불한당이나 다름없지!"

도서관 백수의 독서 생활기는 언제나 따가운 시선과 무시를 동반했다. 돈도 벌지 않고, 직장도 구하지 않고, 일도 하지 않고, 도서관에서 책만 열심히 읽는 사람을 놀고먹는 한량 또는 불한당 취급하는 것은 어쩔 수 없는 사회적 인식 탓이었다.

도서관 백수는 외롭고 억울했다. 아무도 인정해주지 않았기 때문이다. 그리고 놀고먹는 사람, 한량이나 불한당과 동급으로 취급되어 몹시 억울했다. 지금도 그 억울함은 풀리지 않았다.

도서관 백수 대표로 말하고 싶다. 도서관에서 책만 읽는 백수들은 결코 한량이나 불한당이 아니다. 어쩌면 세상 사람들보다 조금 더 순수하고 고귀한 사람들인지도 모른다. 최소한 그들은 부와 명예를 얻기 위해 아등바등 달리는 사람들은 아니다. 조용히 자신을 돌아보고, 세상과 인간을 탐구하고, 책이라는 정직한 도구를 통해 성장을 추구하거나 소소한 즐거움을 누릴 줄 아는, 그런 소박한 사람인지도 모른다.

도서관 백수가 많은 나라가 잘사는 나라이고, 선진국이고, 복지 국가가 아닐까? 도서관 백수 대표로서 공공 도서관이 좀더 많아지고 좀더 쾌적한 공간이 되었으면 좋겠다. 특히 의자가 너무 딱딱하다. 그럼에도 도서관 백수에게는 그곳이 낙원이었다.

백수는 복잡한 도시 속에 있는 도서관에서 백수 생활을 한 것이 아니었다. 다행히 그의 놀이터는 부산의 구포 도서관이었다. 구포 도서관은 백양산 중턱, 낙동강이 내려다보이는 곳에 있다. 도서관 열람실에 앉으면, 앞으로는 낙동강이 훤히 내려다보이고 뒤로는 백양산이 지켜주고 있다.

산과 강을 모두 누릴 수 있는 도서관은 대한민국에 많지 않을 것이다. 맑은 공기를 마시며 탁 트인 경치를 바라보면서 매일 책을 읽었다. 신선이 따로 없는 듯했다. 돈이 아무리 많아도, 아무리 크게 성공한다 해도 이런 도서관 생활을 3년 동안이나 오롯이 즐길 수 있는 사람은 많지 않을 것이다.

돈이 많고 권력이 있어도 이런 생활은 아무나 할 수 있는 것이 아니다. 모든 것을 내려놓을 수 있고, 책을 정말 사랑하는 사람만이 할 수 있다. 책을 사랑하지 않는 사람은 절대 도서관 백수 생활을 할 수 없다. 그런 사람에게는 도서관 백수 생활이 지옥과 다름없을 것이다. 하지만 책을 사랑하는 사람, 독서를 정말 좋아하는 사람에게는 이런 생활이 천국과 마찬가지일 것이다.

3년 동안의 도서관 백수 생활은 사실 아무런 계획도 목표도 없이 직관에 이끌려 시작된 것이었다. 이 대목에서 많은 이들이 의아하게 생각할지도 모른다. 하지만 사실이다. 특별히 무언가를 준비하기 위해 도서관 백수 생활을 시작한 것은 아니기 때문이다.

독서를 정말 못하는 독서 무능력자였던 백수의 1만 권 독서 여정은 과연 순탄했을까? 도대체 그것이 가능한 일이었을까? 도서관 백수의 1만 권 독서 여정의 종착점은 어디일까?

백수의 파란만장한 1만 권 독서 여정을 이제 본격적으로 시작해 보려 한다. 평범한 사람이 1만 권 독서를 하게 되면 어떤 변화가 일어날까? 인생이 어떻게 바뀔까?

아무것도 내세울 것 없던 소시민이, 백수가 1만 권 독서를 한다 해도 졸업장이나 자격증이나 증명서같이 타인에게 보여주거나 증명할 수 있는 것은 없다. 백수가 1만 권 독서를 했다고 해서 얼굴이나 옷에 1만 권 독서를 한 사람이라고 표식을 달 수도 없고, 1만 권 독서를 했다고 해서 특별히 눈에 띄지도 않는다.

그렇다면 1만 권 독서를 해도 아무것도 아니지 않은가? 책을 쓰면 책이라도 남지만, 독서는 내면의 변화 외에는 아무것도 바랄 수 없지 않은가?

그렇다면 1만 권 독서가 어째서 유익하다는 것이며, 어째서 반드시 당신도 도전해보라고 하는 것인가? 그 이유가 궁금한가? 그렇다면 이 책을 끝까지 읽어보기 바란다.

"왜 우리는 반드시 1만 권 독서를 해야 할까? 질質의 독서만 적당히 하는 것만으로는 왜 안 될까? 질의 독서만 적당히 하고 소독小讀을 하는 사람도 충분히 잘 먹고 잘산다. 그런데 왜 반드시 1만 권 독서를 해야 하는 것일까?"

이 질문에 대해 해주고 싶은 이야기들이 많다. 그렇다. 이 질문에 대한 답이 바로 이 책 한 권이다.

독서를 정말로 많이 하는 사람과 적당히 하는 사람의 차이가 얼마나 큰지, 왜 독서를 엄청나게 많이 해야만 하는지, 또 그것이 왜 큰 유익인지에 대해 이야기할 것이다.

무엇보다 재미있게, 백수의 1만 권 독서 체험기를 즐기기 바란다.

독   서   는
거부할 수 없는
유 혹 이 었 다

—

"우리가 내면에서 성취하는 것이 우리 외면의 현실을 바꾸어놓
는다."

그리스의 작가이자 역사가인 플루타르크의 말이다. 이 말은 독서
의 마법이 지닌 원리를 한마디로 보여준다.

독서를 하면 우리의 현실이 그 즉시 바뀌는 것은 아니다. 다만
독서를 하면 우리의 내면이 달라지고 내면에서 많은 것을 성취할
수 있다. 그렇게 내면에서부터 먼저 많은 것을 변화시키고 성취할
수 있다. 나아가 내면에서 성취한 것들이 우리의 현실과 미래와 인
생을 송두리째 바꾸어놓는다.

이런 변화와 성장을 독서를 통해 얻으려고 해서는 안 된다. 성공
한 삶을 사는 것은 생각만 해도 행복하고 즐겁다. 하지만 인생 최대

의 목표가 성공이 되어서는 안 되는 것과 마찬가지다.

인생 최대의 목표는 '성공'이 아니라 '성장'이어야 한다. 그것은 당연하다. 성장을 빼버리고 성공만을 추구하거나 목표로 삼으면, 인생은 비극으로 끝날 수 있다. 마찬가지로 변화와 성장을 위해 독서를 하면 머지않아 독서는 공부로 전락하게 되고, 자신의 좀더 나은 인생과 미래를 위해 투자하는 것으로 독서의 가치와 의미가 떨어지게 된다.

그렇게 하는 독서는, 아이러니하게도 인생을 바꿔주지 않는다.

앞에서도 언급했지만 한번 더 강조하겠다.

"독서를 즐기면 인생이 바뀝니다. 하지만 인생을 바꾸기 위해 독서를 하면 절대 인생이 바뀌지 않습니다. 세상 이치가 그렇기 때문입니다."

여기서 강조한 '세상 이치'란 무엇일까?

성공을 위해 하기 싫어도 하는 독서와, 엄청난 쾌락을 선사해주는, 즐거움 그 자체인 독서는 하늘과 땅만큼, 바다와 작은 냇물만큼, 태양과 달만큼 큰 차이가 있기 때문이다.

독서를 진정으로 즐겨보았는가? 독서의 즐거움을 한 번이라도 제대로 맛본 적이 있는가? 독서의 즐거움을 맛본 사람이라면 독서에 미치지 않고는 못 배긴다. 그 희열과 쾌락이 너무도 강렬하기 때문이다. 오죽하면 불교에서 '독서삼매'라는 말을 하고, 몰입의 권위

자 미하이 칙센트미하이는 "몰입의 최고 경지에 오를 수 있는 몇 안 되는 인간의 행위 중 하나가 독서"라고 했을까. 또 『주역』에서는 인간의 팔자를 바꾸는 다섯 가지 중 하나가 독서라고 했으며, 인간 최고의 발명품은 독서라고 했다.

독서는 우리가 일반적으로 생각하는 정도의 효과밖에 없는 것이 아니라, 여러분이 무엇을 상상하든 그 이상의 효과를 가져다준다는 사실을 꼭 알았으면 좋겠다.

독서는 나를
바보로도 천재로도
만 들 었 다

"우리 인간이 이 세상에서 만들어놓은 것 중 무엇보다도 값지고
소중하며 경이로운 것은 바로 책이다."

영국의 비평가이자 역사가인 토머스 칼라일은 책의 위대함을 잘
알았던, 몇 안 되는 현인들 중 한 명인 듯하다. 많은 이들이 독서가
중요하다고 말은 하지만, 그들의 삶을 면밀히 들여다보면 독서가 별
로 중요하지 않은 듯 살고 있는 것이 사실이다.

고졸이라는 학력을 가졌기에 8년 동안 빌딩 청소부 외에는 할
수 있는 일이 없었던 앤서니 라빈스를 세계 최고의 동기 부여가로
만들어준 것도 바로 독서의 즐거움이었다. 그의 삶은 얼마나 무료하
고 지치고 힘들었을까? 하루종일 고층 빌딩에서 청소를 한다고 생
각해보라. 돈도 없고, 스펙도 없고, 인맥도 없고, 취미 생활을 누릴

만큼 여유롭지도 못했던 그에게 유일한 낙은 바로 독서였을 것이다.

그런 그에게 독서가 삶에 한줄기 즐거움이 되어주었고, 독서의 즐거움을 누리게 되자 삶이 마법처럼 바뀌었다. 우리는 그가 성공하기 위해 독서를 한 것이 아니라는 사실을 알아야 한다.

나는 즐거움을 위해 바보 같은 선택을 할 수 있었고, 그 덕분에 독서를 시작했고, 독서의 즐거움 덕분에 과거보다 훨씬 더 성장한 사람으로 살아갈 수 있게 되었다. 직위나 신분이 바뀐 것은 아니다. 다만 '나 자신'이 바뀐 것이다. 그래서 독서는 위대하다.

요행으로 높은 직위나 신분을 얻게 된 사람은 그 자신이 바뀌지 않았기 때문에 언제든 다시 내려올 수 있고, 언젠가는 다시 내려와야만 한다. 그래서 위태롭고 힘겹고 아슬아슬하다. 하지만 독서를 통해 자신을 바꾼 사람은 여유가 있고, 안정적이고, 늘 기쁘고 즐거울 수 있다. 평생 다시 내려갈 이유가 없기 때문이다.

체코의 소설가 밀란 쿤데라는 책을 읽는 사람과 읽지 않는 사람에 대해 아주 멋진 평가를 내린 적이 있다.

"책을 읽지 않는 사람은 한 번의 인생을 살지만, 책을 읽는 사람은 여러 번의 인생을 산다."

그렇다. 나는 책을 읽은 덕분에 과거에는 상상도 못했을, 꿈꿔보지도 못했던 삶을 살고 있다. 송나라의 문필가이자 정치인이었던 왕안석은 독서에 대해 이렇게 말했다.

"글을 읽는 것은 낭비하는 것이 아니라 만 배나 되는 이익을 가져다준다."

아니다. 그의 말은 틀렸다. 만 배나 되는 이익이 아니다. 내가 경험하기로는 100만 배 이상은 되는 것 같다. 바보가 천재가 되고, 멍청한 사람이 똑똑해지고, 가난한 사람이 부자가 되고, 부자는 귀한 사람이 되고, 귀한 사람은 성인이 되기 때문이다.

1만 권의 책이
있 는 곳 이
낙 원 이 었 다

—

나와 같은 생각과 느낌을 가지고 있었던 사람이 있었다니 놀랍
다. 중국의 시성 두보는 더 놀라운 시를 쓰기도 했다.

독서파만권讀書破萬卷 하필여유신下筆如有神

1만 권 독서를 하면, 글을 쓰는 것이 신의 경지에 이르게 된다는
말이다. 이 말을 온몸으로 체험하고 경험하고 겪은 주인공이 바로
두보 자신이었다. 나는 두보의 발밑에도 이르지 못한다.

시대와 공간을 뛰어넘어 이처럼 독서에 대해 공통점을 느끼는
사람들이 있을 것이고, 100년 후에도 같은 말을 하는 사람이 반드

시 있을 것이다.

최소한 1만 권의 책이 있는 곳, 도서관이 내게는 낙원이었다. 그 래서 그 낙원에서 하루종일 책과 함께 뒹굴면서, 책과 함께 웃고 떠들고 놀면서, 그렇게 도서관에서 기적을 만난 사람이 되어갔던 것이다.

인간을 완전하게 쾌락에 빠지게 하고, 누군가에게 위해를 끼치 지 않고 지속되는 쾌락을 주는 낙원은 오직 도서관뿐이다. 학벌 없고, 인맥 없고, 스펙 없고, 돈이 없어도 자유롭게 거닐면서 수만 권 이상의 책을 무료로 만날 수 있고, 책에 취할 수 있고, 책과 함 께 놀 수 있는 유일한 공간이다. 바로 이런 곳이 낙원이 아니라면 무엇일까?

신분이 낮고, 스펙도 없고, 재능도 없고, 기술도 없고, 돈도 없는 사람은 아무리 열심히 일하고 근면하게 살아도 쉽게 신분이 바뀌 거나 인생이 달라지지 않는다. 하지만 도서관에서 1만 권 독서의 즐 거움을 누린다면 인생이 바뀌는 것은 시간문제일 것이다. 정말이다. 굳이 설명할 필요도 없다. 나의 인생을 보면 알 수 있으니⋯⋯.

독서를 즐길 수 있는 사람에게 도서관은 최고의 낙원일 것이다. 하지만 독서를 제대로 즐기지 못하는 사람, 단지 독서를 좋아하거 나 잘할 수 있는 사람에게 도서관은 그저 도서관으로 머물 것이다. 그것이 넘을 수 없는 차이를 만든다.

그럼에도 도서관은 누구에게나 기적의 공간일 것이라고 생각한다.

"도서관은 누구에게나 기적의 공간이다. 상처 입은 이들에게는 그 상처를 낫게 해주는 치유의 공간이며, 지옥과 같은 고통을 경험한 이들에게는 잠시나마 평화를 느끼게 해주는 작은 천국이다. 세상 속에 있지만 세상과 단절한 채로 존재할 수 있는 유일한 공간, 도서관! 나는 직장에서 도중하차한 후 도서관에 무임승차했다. 도서관은 나에게 무임승차를 허락해주었고, 그 무임승차는 내 인생에 기적을 만들어주었다."

— 『나는 도서관에서 기적을 만났다』 중에서

그렇다. 도서관은 무임승차를 허락해주는, 인심 좋은 우리네 시골 마을과 같다. 도시에 나가 무한 경쟁 속에서 힘겨운 삶을 살다 지쳐 내려오면, 언제든 따뜻하게 두 팔 벌려 맞이해주는 시골 고향 마을 말이다.

"인간은 책을 얼마나 많이 읽었느냐에 따라 달라진다."

정말 그렇다. 책을 얼마나 많이 읽었느냐에 따라 우리 인생은 달라진다. 책은 절대로 우리를 배신하지 않는다.

다산 정약용 선생은 독서와 책 쓰기로 일가를 이룬 분이다. 그가 두 아들에게 보내는 편지에 이렇게 쓴 적이 있다.

"내가 몇 년 전부터 독서에 대하여 크게 깨달은 바가 있는데, 마구잡이로 그냥 읽어 내려가는 것은 하루에 천 번, 백 번을 읽어도 읽지 않은 것과 다를 바가 없다."

다산 선생은 독서를 공부로 생각했다. 그래서 그는 위대한 학문적 성취와 업적을 이루었다. 그럼에도 현대의 여러 독서법은 옛날의 독서법과는 많이 다르다.

조선시대 최고의 다독가였던 백곡 김득신 선생도 이런 말을 한

적이 있다.

"재주가 남만 못하다 한계를 짓지 말라. 나보다 어리석고 둔한 사람도 없었지만, 결국에는 이룸이 있었다. 모든 것은 힘쓰는 데 달렸을 따름이다."

그의 독서법은 부족함을 느끼면 반복해서 읽고 또 읽는 것이다. 그래서 그는 조선시대 최고의 독서가로 인정받았다. 같은 책을 1만 번 이상 읽으며 읽고 또 읽었던 그는, 결국 일가를 이룰 수 있었다.

나의 독서법도 아주 단순하다.

"백천지공百千之功의 독서법"

중용에 나오는 이 말을 나의 독서 습관으로 삼았다.

"남이 한 번에 능히 하면 나는 열 번을 하고, 남이 열 번에 능히 하면 나는 천 번을 한다."

그렇다. 나는 소처럼 우직한 성격으로, 한번 시작하면 끝까지 그것만 한다. 독서의 첫 단계는 잘하는 단계, 그다음은 좋아하는 단계, 그리고 마지막 단계가 즐길 수 있는 단계이다. 그래서 먼저 독서를 잘하고 싶었다.

독서력이 너무 형편없는 나머지 몹시 좌절하고 어려움을 겪기도 했다. 결국 남이 100권을 읽어서 독서를 잘하게 되면, 나는 1000권을 읽어서 잘하게 되면 되고, 남이 1000권을 읽어서 잘하게 되면, 나는 1만 권을 읽어서 잘하게 되면 된다는 '백천지공'의 마음을 품었다.

무엇을 하든 잘할 수 있게 되고, 그다음에 좋아할 수 있게 된 후에야 비로소 즐길 수 있게 된다는 사실을 명심하자.

억대 연봉 대신 내가 선택한 바보 같은 짓은 바로 1만 권 독서였다. 처음에는 몇 권을 읽겠다는 생각조차 하지 않았다. 그런데 언제부터인가 도서관에 있는 책을 모조리 다 읽으면 어떤 변화가 찾아올지, 어떤 일이 벌어질지 궁금해지기 시작했다.

독서의 즐거움이 가장 큰 이유이자 동기였다. 즐겁지 않다면 무엇 때문에 월급도 안 나오는 도서관 생활을 했겠는가?

1000일 동안 일도 하지 않고, 친구도 만나지 않고, 두문불출하면서 도서관에서 책만 읽은 사람이 그것을 통해 알게 된 사실 중에서 가장 중요한 한 가지는 무엇일까?

바로 이것이다.

"당신도 천재가 될 수 있다."

그렇다. 다른 말로 하면, 천재는 타고나는 것이 아니라 노력과 기개를 통해 후천적으로 만들어진다는 것이다.

나는 태어날 때부터 천재였던 신동들은 대개 20세가 지나 성인이 되면서 그 재능이 사라진다는 것을 발견했다. 피카소, 모차르트, 추사 김정희, 찰스 다윈, 도스토옙스키, 톨스토이, 셰익스피어, 아인슈타인, 스티븐 킹, 지그문트 프로이트, 세스 고딘, 빈센트 반 고흐, 파울로 코엘료, 미켈란젤로, 헤밍웨이를 포함해, 우리가 알고 있는 천재들은 모두 후천적으로 천재로 도약한 인물들이다.

결론은, 우리 같은 평범한 사람들도 천재가 되는 것이 불가능한 일이 결코 아니라는 것이다.

『열정과 기질』이라는 책을 통해 '창조성의 10년 법칙'을 주장한 하워드 가드너의 말처럼, 나는 모든 천재들이 천재로 도약하기 위해 10년 이상 노력하고 수련했다는 것을 발견했다.

여기에는 '음악의 신동'이라고 잘못 알려진 모차르트도 포함된다. 심지어 세계 최고의 천재라 불리는 레오나르도 다빈치도 예외는 아니었다.

많은 사람들이 천재에 대해 알고 있는 막연한 정의는 100퍼센트 틀린 것이라고 나는 확신할 뿐만 아니라, 그 근거를 댈 수 있을 정도로 자료를 확보하고 있다. 천재에 대해 연구하여 책을 쓰기도 했다.

간단히 이야기해보면 이렇다.

천재가 되는 원리는 간단하다. 천재가 되는 원리를 가장 잘 설명하는 속담이 하나 있다.

"서당 개 3년이면 풍월을 읊는다."

서당 개도 3년이면 풍월을 읊을 수 있지만, 우리는 서당 개처럼 한 가지 일에 천착하지 않는다. 천재가 되는 원리는 바로 '불광불급 不狂不及'이다. 미치면 반드시 천재가 된다. 하지만 그렇게 미치려 하는 사람도 없고, 미치지도 않는다. 그저 적당히 살아간다.

천재가 되지 못했다면 그 이유는 미치지 않았기 때문이다. 적당히 살지는 않았는가? 정말로 미치면 천재가 될 수 있다.

『노인과 바다』의 저자 헤밍웨이는 거장 중의 거장이다. 누구도 부인할 수 없다. 미국 문학을 개척한 선구자이며, 노벨문학상과 퓰리처상을 받은, 20세기를 대표하는 천재 작가다.

그런데 이런 천재 작가가 우리가 어렴풋이 생각하듯 처음부터 천재였을까? 결코 그렇지 않다.

그는 처음에 집필을 시작해 열심히 글을 발표하고, 무려 100편 이상의 글을 썼을 때에도 여전히 무명작가였다. 심지어 가족에게 이런 심한 말까지 듣기도 했다. 믿기 힘들겠지만 말이다.

"기껏 앉아서 한다는 짓이 글 쓰는 일이니? 제발 취직이라도 좀 해라. 작가는 아무나 될 수 있는 게 아냐. 제발 정신 좀 차려라."

"네가 쓰는 글들은 모두 더럽고 쓰레기 같은 글들뿐이다. 언젠가는 정신을 차리겠지 하고 생각했는데, 너에게서는 어떤 희망도 보이지 않는구나. 이제 그만 집을 나가다오."

생일날 어머니로부터 받은 편지에 담긴 메시지였다. 그는 이 편지를 읽고 충격을 받았고, 시카고에 있는 빈민굴로 가야 했다.

우리가 알고 있는 영문학의 고전으로 손꼽히는 위대한 작품 『폭풍의 언덕』, 『제인 에어』 등을 쓴 브론테 자매에 대해서도 할 이야기가 많다. 영국 문학사상 가장 위대한 업적을 남긴 이 브론테 자매도 처음부터 천재적인 작가였을까?

그들은 결코 타고난 소설가가 아니다. 그들의 초창기 글은 일반인들이 쓴 글에도 못 미칠 정도였다. 엉망인 맞춤법, 미숙한 사고의 흐름, 어설픈 성격 묘사 등 문제가 한두 가지가 아니었다.

천재들을 연구하면서 발견한 또하나의 사실은, 모든 천재들은 하나같이 다작을 했다는 점이다. 엄청난 양의 작품을 생산하면서 실력이 점차 향상되어갔던 것이다.

모차르트는 600편 이상의 작품을 작곡했다.

프로이트는 650편 이상의 논문을 썼다.

렘브란트는 600점 이상의 유화를 그렸다.

피카소는 1000점 이상의 그림을 그렸다. 더 자세히 살펴보면, 피카소는 1만 3500점의 유화와 소묘화, 3만 4000점의 삽화, 10만여 점의 판화, 300점의 조각과 도예를 제작했다. 가장 많은 작품을 남긴 화가로 기네스북에 등재되어 있을 정도다.

빈센트 반 고흐는 10년도 채 안 되는 짧은 기간에 무려 2000점 이상의 작품을 남겼다. 900여 점의 페인팅과 1100여 점의 드로잉과 스케치 등 총 2000여 점의 작품을 10년도 안 되는 짧은 기간에 남길 만큼 폭발적인 창작 활동을 했다.

렘브란트는 모두 600점의 그림과 300점의 에칭과 1400여 점의 밑그림을 남겼다.

추사 김정희 선생은 50대가 되어 제주도에서 9년 동안 유배 생활을 하면서, 벼루 열 개를 구멍 내고, 붓 천 자루를 닳아 못 쓰게 만들었고, 그 결과 '추사체'와 〈세한도〉라는 당대 최고의 업적을 남겼다.

다산 정약용 선생은 40세부터 58세까지 18년 동안의 유배 생활

중에 500여 권의 책을 집필했다. 그 이유는 바로 공자의 위편삼절韋
編三絶보다 열 배는 더 강력한 과골삼천踝骨三穿을 실천했기 때문이다.

과골삼천이란 복사뼈에 세 번이나 구멍이 난다는 뜻이다. 20년
가까운 세월 동안 날마다 저술만 일삼아 복사뼈가 세 번이나 구멍
이 났다는 일화에서 우리 선조의 위대함을 느낄 수 있다.

천재는 저절로 만들어지는 것도 아니고 타고나는 것도 아니다.
엄청난 노력과 열정으로 만들어지는 것이다.

1만 권의 책을 읽고 알게 된 많은 사실들 중 하나가 천재는 후천
적으로 만들어진다는 것이다. 하지만 이보다 더 중요한 한 가지를
꼽으라면 이것이다.

"독서의 수준이 결국 우리의 부와 성공의 수준을 결정한다."

독서의 수준은 무엇을 말하는 것일까? 단순히 독서량을 의미하
는 것일까? 아니면 질적인 독서 수준을 의미하는 것일까?

내가 말하는 독서의 수준은, 독서의 양과 질적 수준, 이 두 가지
모두를 말한다. 양의 독서를 하지 않고 곧바로 높은 질적 수준의
독서를 할 수 있는 사람은 거의 없다. 세상의 이치가 그렇다. 천재들
몇 명을 빼고 거의 대부분의 사람들은 양의 독서를 하면서 엄청나
게 많은 책을 읽고 공부한 후에, 수준 높은 질의 독서를 할 수 있게
된다. 그것이 자연스러운 질서이고 순서이기 때문이다.

제 2 장

문맹률은 최저지만, 문해력은 꼴찌인 나라

독서가의 고난과 시련에 대하여

독서는 비단 사람의 기질을 변화시킬 뿐만 아니라 사
람의 정신도 기를 수 있다.
　　　　　　　　　　　　　　　—허균, 『한정록』

책을 읽는 자와
읽지 않는 자의
차   이

책을 읽는 자와 책을 읽지 않는 자의 가장 큰 차이는, 지식이 아니라 삶을 통해 배우는 교훈과 깨달음이다.

책을 통해 사물의 이치와 사람과 세상사에 대한 원리를 미리 배운 사람은, 삶을 통해 더 많은 것을 배우고 깨닫게 된다. 하지만 책을 통해 배운 적이 없는 사람들, 즉 책을 읽지 않는 사람이나 책을 적게 읽는 사람들은 아무리 다양한 삶을 폭넓게 산다 해도 그 삶을 통해 배우고 깨닫는 것이 매우 적다. 즉, 아주 소중한 삶의 경험을 통해 배우고 깨닫는 것이 적기 때문에 그 소중한 삶의 경험들을 헛되이 낭비하는 것이 되어버릴 수 있다.

책을 읽지 않는 사람들이 얼마나 큰 손해를 보고 낭비를 하면서 인생을 허비하는지는, 책을 많이 읽을수록 분명하게 깨닫게 된다. 그렇기 때문에 책을 많이 읽는 사람일수록 더욱더 많이 읽게 되고,

책을 읽지 않는 사람이나 적게 읽는 사람일수록 더 적게 읽거나 아예 읽지 않는 것이다.

책을 통해 그 원리와 이치를 깨달은 사람과 그렇지 못한 사람은 삶의 방식과 삶에서 얻는 교훈이 다르다. 책을 읽지 않은 사람은 그런 값진 교훈을 배울 수 있는 상황과 현실을 경험한다 해도 그냥 지나쳐버리고 만다. 그런 원리와 이치에 대한 이해력이 부족하고, 세상과 사람에 대한 통찰력이 부족하기 때문이다.

이런 점에서 독서는 매우 중요하다. 책을 통해 어떤 이치를 먼저 이해하고 의식할 수 있게 된 상태에서 어떤 일을 만나면, 큰 교훈을 얻을 수 있고 의식이 더 높이 향상될 수 있다. 하지만 책을 읽지 않고 바쁘게만 사는 사람들은 아무리 많은 일을 경험한다 해도, 엉성한 그물을 통해 큰 물고기들이 그냥 빠져나가는 것처럼 많은 교훈을 배울 수 있는 기회에도 배우는 것이 없다. 그런 점에서 독서는 삶을 좀더 촘촘하게, 좀더 밀도 있게, 좀더 효과적으로 살아가면서 배울 수 있게 해주는 최고의 교재이며 방법이다.

여기서 독서를 한 사람과 하지 않은 사람의 차이가 크게 나타난다. 이것이 누적될수록 점점 더 차이가 나는 것이다.

우리가 독서를 해야 하는 이유 중 하나는, 독서를 통해 어떤 원리나 이치에 대해 배우지 않으면 그런 상황을 아무리 실제로 많이 경험해도 그 원리나 이치를 제대로 깨닫지 못하는 일이 적지 않기 때문이다.

예를 하나 들어보겠다.

어느 책에서 나는 "자신의 정당성과 능력만을 믿고 주변 사람들을 소홀히 한 사람들이 좌절의 쓰라림을 맛본 예는 수도 없이 많다"라는 문장을 접하고서, 이에 대한 원리와 이치를 간접적으로 알게 되었다. 그리고 나서 세상에 나와 회사를 경영하고, 제자들을 가르치면서 이런저런 일들을 경험하게 되었다.

그러면서 자신의 정당성만을 강조하는 것은 조금도 유익하지 않고 도움도 되지 않는다는 것을, 오히려 조금 굽히고 양보하고 유연하게 고개를 숙이면 더 중요한 사람을 얻게 되고 어깨에 힘을 주면 스스로 자멸하게 된다는 사실을 깨닫게 되었다.

사업은 결국 사람과 관계되는 일이고, 사회생활도 그렇다. 사람과의 관계가 힘든 사람이 있고, 그렇지 않은 사람이 있다.

그 차이를 가르는 것도 결국 책이라고 할 수 있다. 책을 통해 좀 더 많은 관계와 원리를 파악한 사람은, 실제로 사람과의 관계를 통해 더 좋은 관계를 맺는 기술을 쉽게 익히게 된다. 하지만 책을 읽지 않는 사람, 책을 적게 읽은 사람들은 이런 말을 하면서 그냥 흘려버린다.

"세상에서 사람과의 관계만큼 어려운 것이 없어. 정말 힘들고 어렵기만 하네. 사람 사귀는 것에 대해, 관계 맺는 것에 대해 점점 더 자신이 없어져."

하지만 책을 많이 읽은 사람은 사람과 관계 맺는 원리와 그 이치를 어느 정도 알고 있기 때문에 어떻게 처신해야 하고 어떻게 행동해야 하는지 잘 알고 있다. 이런 사람들도 실제로 사람들과 관계를 맺으면서 때로는 실수도 하고 손해도 보지만, 이내 사람과 관계 맺는 능력이 탁월해진다.

책을 통해 '하늘에서 내리는 비도 지나치면 재앙이 된다'라는 이치를 알고 있는 사람이 주위 사람들에게 너무 많은 것을 제공해주어 낭패를 당하면, 이내 곧 그 원리를 좀더 정확히 파악하고 다음번에는 그런 우를 범하지 않을 것이다. 하지만 이런 원리를 책을 통해 미처 배우지 못한, 책을 읽지 않는 사람들은 이렇게 말할 것이다.

"사람은 참 알다가도 모르겠어, 그렇게 내가 다 퍼주고 잘해줬는데, 왜 나를 배신하지?"

관계 형성에서 가장 중요한 것은 적정한 선을 유지하는 것이다. 너무 잘해주고 무조건 퍼주는 것은 오히려 원수를 만드는 일임을, 책을 통해 그 원리와 이치를 배운 사람들은 세상사와 사람 일이 쉽게 읽힌다. 읽은 만큼 보이게 되는 것이다. 그리고 보이는 만큼 성공하고 세상을 잘 살아낼 수 있게 된다.

"읽은 만큼 보이고, 보이는 만큼 성공한다."

자녀를 키울 때도 책을 읽지 않고 그냥 키우는 사람은 자식 농사를 망칠 수밖에 없다. 너무나 중요한 자식 농사에서 요행을 바랄 수는 없지 않은가? 책을 통해 인간의 심리와 자녀 교육에 대해 그 원리와 이치를 깨닫게 되면, 최소한 자식 농사를 망치지는 않는다.

책이 없었다면 이 많은 것들을 단기간에 깨닫고 배우기는 거의 불가능하다. 그렇기 때문에 책을 읽는 사람과 읽지 않는 사람의 차이는 갈수록 커지는 것이다.

오냐오냐하며 잘해주기만 하면 자녀는 모든 것을 자기중심으로 생각하고 행동하게 되고, 버릇이 없거나 이기적인 사람으로 성장하게 된다. 엄청난 재산을 유산으로 물려주면 십중팔구 자녀를 망치게 된다는 원리와 이치를 책을 통해 배운 사람은 자녀에게 많은 유산을 물려주지 않는다. 그리고 이런 용기 있고 현명한 선택과 행동은 자녀를 훌륭하게 이끄는 열쇠가 되는 것이다.

'과유불급過猶不及'이라는 말이 세상 이치다. 너무 지나친 것은 부족한 것만 못하다. 책을 통해 이런 이치를 제대로 배우고 깨달은 사람과 그렇지 못한 사람은 큰 차이가 있다.

책은 세상과 사람을 반영하는 거울이다. 살면서 세상에서 배우게 되는 것들을 책에서 거의 다 배울 수 있다. 이것이 책의 위력이다.

책을 통해 사람과 세상사에 대한 이치와 원리를 좀더 많이 배운 사람은 작은 경험을 통해서도 많은 것을 배우고, 심지어 세상 경험을 하지 않아도 이미 자신의 경험으로 승화시키기도 한다.

책을 읽지 않는 사람이 세상 경험을 하고 세상 속에 살면서도 좀처럼 깨닫고 배우는 일이 적을 수밖에 없는 이유는 무엇일까? 아는 만큼, 읽은 만큼 보이고 생각하게 되고, 생각하는 만큼 깨닫게 되기 때문이다.

세상과 사물을 좀더 길게 내다보고 통찰할 수 있도록 성장하기 위해서는 책을 읽어야 한다. 책을 통해 삶의 교훈을 얻을 수 있다.

책을 많이 읽은
사 람 만 이
얻게 되는 것들

책을 읽은 사람이 얻는 가장 큰 유익은 무엇일까?

책을 많이 읽은 사람은 세상의 이치와 원리를 이미 어느 정도 알기 때문에, 누군가에게 배신당하거나 사기를 당했을 때도 심하게 상처받거나 심하게 분노하지 않는다.

책을 많이 읽은 사람은 일이 잘 안 풀리거나 억울한 일을 당해도 세상을 원망하거나 타인을 원망하지 않는다. 그래서 일이 잘 풀리게 되고 더 잘살게 된다. 왜 그럴까? 일이 잘 안 풀리고 억울한 일을 당했을 때 책을 많이 읽지 않은 사람은 세상을 원망하고 타인을 탓한다. 하지만 그 모든 일의 원인은 세상이나 타인이 아니라 바로 자기 자신이라고 책은 말하고 있다. 그래서 세상과 타인을 원망하는 사람은 그 원망과 분노로 이후의 일도 제대로 풀어가지 못한다. 하지만 책을 많이 읽은 사람은 그 모든 일의 원인이 자신이라는 것을 알기에 반구저기反求諸己를 하게 되고, 그 결과 놀랍게도 일이 하나씩 풀려가게 된다.

세상을 살면서 어려운 일을 만났을 때나 문제에 맞닥뜨렸을 때 책을 많이 읽은 사람과 책을 적게 읽은 사람은 더 극명하게 차이가 난다.

책을 적게 읽은 사람은 책을 많이 읽은 사람의 유익을 잘 알지 못한다. 당연하다. 하지만 책을 많이 읽은 사람은 그 차이를 잘 알고 있다. 아니, 확실하게 느낀다. 내가 책을 적게 읽었다면 이럴 때는 이렇게 하지 못했을 것이고, 또 저럴 때는 저렇게 하지 못했을 것이라는 사실을 스스로 잘 안다.

책을 많이 읽은 사람은 세상 만물의 이치와 사람의 심리가 어느 정도 보인다. 그렇기 때문에 어떤 일을 만나도 당황하지 않고 호들갑 떨지 않는다. 매우 침착하고 차분하고 여유가 있다. 그리고 어린 아이나 아랫사람도 함부로 대하지 않아야 한다는 사실을 잘 알고 있다.

대기업 회장이 운전기사를 폭행하고 폭언을 퍼부어 대중이 분노했다는 기사를 본 적이 있다. 또 어떤 프랜차이즈 본사는 자사의 이익을 위해 가맹점과 가맹점주를 노예처럼 부려먹고 억압하고 불이익을 주고 불공정 거래를 하다가 뉴스에 보도되기도 했다.

책을 많이 읽은 사람들은 이런 행동을 하지 않는다. 길게 보면 이런 말과 행동이 더 큰 손해를 낳는다는 것을 잘 알기 때문이다.

책을 많이 읽은 사람은 나중에 배신해서 자신을 망하게 하는 사람이 어떤 사람인지 잘 알고 있다. 그래서 땅을 치고 후회할 일을 만들 사람을 절대로 들이지 않는다. 하지만 책을 적게 읽은 사람들은 어떤 사람이 배신할 사람이고 어떤 사람이 충직한 사람인지 잘 모른다.

책은 삶을 살아가는 데 아주 요긴하게 쓰일 지혜와 통찰력으로 가득차 있다. 그런데 책을 많이 읽지 않은 사람들은 이런 지혜와 통찰력을 배울 수 없다. 독서 속도가 중요한 것도 바로 이런 이유이다. 그리고 생각만 하는 독서보다는 다독을 통해 폭넓은 통찰과 지혜를 얻는 것이 중요한 이유가 바로 이 때문이다.

책을 많이 읽은 사람은 침착하고 차분하다. 이미 세상이 어떤 것이고 사람의 심리가 어떤지를 잘 알기 때문이다. 침착함과 차분함은 인생을 살아가는 데 가장 큰 재산이다. 그래서 동양 고전에서도 침착함과 차분함을 최고의 덕목으로 꼽는 것이다.

또한 책을 많이 읽은 사람은 절대로 소문만 듣고 사람을 속단하지 않는다. 그것은 정말 어리석은 사람들이 하는 짓이라는 것을 알기 때문이다. 공자도 이런 말을 하지 않았는가?

"모든 사람이 다 좋다고 하면 그 사람이 좋은 사람인가? 꼭 그런 것은 아니다. 모든 사람이 나쁘다고 하면 나쁜 사람인가? 꼭 그렇지는 않다. 좋은 사람이 좋다고 하고, 나쁜 사람이 나쁘다고 하는 사람이 좋은 사람 아니겠는가?"

누군가를 쉽게 평가해서는 안 된다. 그 사람이 죽은 후에 천천히 평가하는 것이 좋다. 나쁜 사람들이 저 사람은 나쁜 사람이라고 흉을 보고 평판을 나쁘게 만든다면 그 사람은 착한 사람일 확률이 높다.

누군가가 성공하고 잘나간다는 것은 상대적으로 누군가가 덜 성공하게 된다는 것이다. 그래서 사람은 성공할수록, 잘나갈수록 더욱더 겸허해야 하고 겸손해야 한다.

세상을 경쟁의 원리로 보지 않고 함께 협력하는 공생하는 원리로 봐야 한다는 것을, 책은 우리에게 알려준다. 그래서 책을 많이 읽은 사람들은 경쟁이 아닌 공생으로 세상을 바라보고 삶의 원칙과 기준을 정한다. 하지만 책을 많이 읽지 않은 사람들은 경쟁의 원리로만 세상을 보고, 경쟁자는 무찔러야 하는 적으로만 간주한다.

여기서 그릇의 차이가 보인다. 책을 많이 읽은 사람은 경쟁자까지 품을 수 있는 아량이 있지만, 책을 적게 읽은 사람은 그렇지 못하다.

누군가가 잘나가거나 성공하거나 재능이 출중해서 비범한 성과를 내며 독주하면, 이를 배 아파하는 사람들도 존재하기 마련이다. 남들보다 앞서갈수록 이겨내야 할 성공의 무게가 큰 법이지만, 책을 통해 이미 그 무게를 알고 있는 사람에게는 그리 무겁게 느껴지지 않는다.

대체로 책을 많이 읽은 사람은, 동서고금에 많은 이들이 터무니없는 모함과 무고로 억울하게 죽거나 파멸한 이치를 알고 있다. 그래서 어떻게 대처하고 어떻게 받아들여야 더 좋은 결과를 얻게 될지 안다.

하지만 책을 적게 읽은 사람들은, 터무니없는 모함을 당하면 그에 매몰되어 어찌할 바를 모르고 안절부절못하다 억울한 일을 당하고 만다.

물론 세상에는 불가항력이라는 것이 있어서 아무리 똑똑한 사람이라도 모함으로 죽임을 당하는 경우가 비일비재하다. 하지만 고전이나 책 속에 나오는 그런 불가항력의 일이 아니라 우리가 맞닥뜨리는 현실에서는, 자신이 얼마나 현명하고 똑똑한 선택을 하느냐에 따라 결과가 백팔십도 달라질 수 있는 일이 많다.

책의 위력은 대단하다. 책을 많이 읽은 사람을 절대 만만하게 생각해서는 안 되는 이유가 바로 이것이다. 책을 많이 읽은 사람은 뭔가가 다르다. 눈에 띄게 똑똑한 척하지 않는다. 그런 행동이 매우 천박하고 어리석은 짓임을 이미 알고 있다. 오히려 책을 많이 읽지 않은 사람이 잘난 척을 하고 똑똑한 척을 한다.

책을 많이 읽은 사람은 안다. 시련과 역경이 오히려 사람을 더 강하게 만든다는 것을. 사람을 더 성숙하게 만드는 것은 그런 시련이라는 것을 말이다. 풍랑으로 인해 배가 더 빨리 나아가게 된다는 것을. 그래서 원망하거나 분노하지 않는다. 남 탓이나 세상 탓을 하지 않는다. 모든 것은 자기 자신에게 달려 있고, 모든 것의 발단은 자기 자신임을 알기 때문이다.

책을 많이 읽는다는 것은 정말 어마어마한 일이다. 삶에 엄청난 도움이 된다. 살아가는 데, 회사를 운영하는 데, 직장 생활을 하는 데, 사회생활을 하는 데, 인간관계를 맺는 데 말이다. 심지어 자녀를 키우고 부부 생활을 잘하는 데도 엄청난 도움이 된다.

영국 북해에서 잡히는 청어와 메기 이야기의 교훈을 책을 통해 배우고 자기 것으로 삼은 사람은, 청어가 죽지 않고 런던까지 올 수 있도록 해주는 존재가 자신을 잡아먹으려 하는 천적 메기라는 사실로부터 얻은 교훈을 자신의 삶에 그대로 적용한다. 그리하여 자신을 힘들게 하고 괴롭히는 경쟁자나 직장 동료를 남다른 시각으로 바라보고 대할 수 있게 된다. 책을 많이 읽으면 말이나 행동이 달라진다. 그렇게 남다른 말과 행동, 선택이 그를 더 성공으로 이끌고 더욱 가치 있는 훌륭한 사람으로 바꾸어준다.

책을 많이 읽은 사람은 책을 적게 읽는 사람과는 다르게, 세상과 사람을 바라보는 시각이 넓어지고, 사고력과 이해력, 포용력과 통찰력이 커질 수밖에 없다. 그리고 그런 것들은 삶을 잘 살아낼 수 있도록 결정적인 역할을 한다.

아버지의 시각에서는 아들이 무슨 짓을 해도 이해하고 받아들인다. 아들의 시각으로는 아버지를 잘 이해하지 못하고 오해한다. 나중에 아들이 커서 아버지가 되었을 때에야 비로소 아버지를 이해하게 된다. 책을 많이 읽는다는 것은, 아들이지만 아버지의 시각을 배운다는 것을 의미한다.

책을 많이 읽은 사람은 세상과 사물의 이치를 꿰뚫을 수 있는 통찰력을 책을 통해 배운다. 하지만 책을 적게 읽은 사람은, 특히 주식이나 부동산 관련 책만 읽은 사람은 부자가 될 수는 있겠지만 삶을 잘 살아낼 수 있는 힘은 부족할지 모른다. 책을 많이 읽은 사람은 그렇지 않은 사람보다 삶을 훨씬 더 잘 살아낼 수 있는 비장의 무기를 가지고 있는 셈이다.

작은 조직에서 리더가 되어 활동하다보니, 책에서 배운 리더의 조건을 되새김질해보게 된다.

책에서 배운 리더의 조건은 두 가지이다. 물론 리더에게는 좋은 덕목이 많으면 많을수록 좋다. 하지만 최소한 꼭 필요한 두 가지 덕목이 있다. 그리고 첫번째 덕목은 두번째 덕목보다 상대적으로 훨씬 작다는 것도 책에서 배웠다.

내가 책을 통해 배우고 깨닫게 된, 리더에게 반드시 필요한 두 가지 조건 중 첫번째는 실력이나 능력이 아니라 '관용'이다.

동양 고전에도 자신의 정당성만 믿고 원칙을 고수하면서 주변 사람들을 칼같이 정확하게 대한 사람들이 갈등과 좌절, 쓰라림을 맛본 예는 부지기수다. 책을 읽지 않았다면 나도 그런 사람 중 한 명이 되었을지 모른다. 나는 너무 자신만만했고, 정당성만을 믿었고,

원칙만을 강조했다. 원칙만 알고 융통성은 없는 사람이었다. 하지만 리더가 되고 다른 사람을 이끄는 입장이 될수록 정당성만을 강조해서는 안 된다는 것을, 『주역』을 비롯한 많은 고전에서 이야기하고 있다.

고전을 읽어보면, 리더가 될수록 조심해야 하는 것이 언행임을 배울 수 있다. 함부로 내뱉은 말은 결국 비수가 되어 다시 자신에게 되돌아오는 법이다.

원칙만 고수하고, 융통성 없고, 타협을 모르는 고지식한 리더는 아랫사람에게는 불편하고 무심하고 달갑지 않은 존재가 된다. 결국 작은 불만과 서운한 감정들이 쌓여 리더에게서 등돌리고 그를 배신하게 만드는 불씨가 된다. 그래서 작은 원망도 반드시 풀어주어야 한다는 말도 책에 있다.

『주역』에 이런 말이 나온다.

"낮은 지위에 있는 자는 정도만 지켜도 길하지만, 높은 지위에 있는 자는 아무리 정도를 지켜도 널리 은택을 베풀지 않으면 길하지 못하다."

그렇다. 나도 처음에는 이런 부류의 사람이었다.

내가 책을 통해 이런 이치와 원리를 깨닫지 못했더라면 아마 지금도 같은 실수를 되풀이하고 있을 것이다. 또한 평생 이런 과오를 저지르면서도 이것이 잘못이라는 건 깨닫지 못하고, 부하 직원을 탓하고 세상 탓만 했을 것이다. 아는 만큼, 읽은 만큼 세상과 사람이 보이기 때문이다.

나는 책을 열심히 읽은 덕분에 한 번의 실수로 그칠 수 있었고, 더 큰 교훈을 얻을 수 있었다. 책은 이처럼 모든 것을 미리 예방해주지는 않지만, 똑같은 실수를 되풀이하지 않게 해주고, 한 번의 실수가 값진 가치를 할 수 있도록 도와준다.

당신이 리더이거나 대표라면, 주위 사람들에게 가능한 범위에서 작은 것이라도 은택을 베풀며 살아가야 한다. 그것이 리더의 덕목이기 때문이다.

많은 대표들이, 그리고 많은 리더들이 자신의 몫만 챙기는 데 혈안이 되어 있다. 하지만 책은 말한다. 명예와 이익을 나누어주는 것이 더 큰 이득이라고 말이다.

명예와 이익을 나누어 주는 것도 관용의 일종이다. 하지만 리더에게 반드시 필요한 조건 중에서 관용은 시작에 불과한 것이었다. 리더에게 반드시 필요한, 정말 중요한 두번째 조건은 무엇일까?

사실 나는 이 두번째 조건이 가장 중요한 조건이라고 생각한다. 책에서 배운, 리더가 갖추어야 할 최고의 조건은 다음과 같다.

나는 리더의 가장 중요한 조건을 이순신 장군에게 배웠다. 이순신 장군이 가장 경계했던 것은, 지혜와 전략이 부족하고 용기만 넘치는 리더였다. 그 이유는 무엇이었을까? 지혜와 전략이 부족하고 용기만 넘치는 리더는 재앙이 될 확률이 높기 때문이다. 이런 리더는 자기 자신만 죽는 것이 아니라 수많은 부하들의 생명까지 위태롭게 하고, 나아가 나라까지도 위태롭게 만든다.

이순신 장군은 지혜와 전략을 갖춘 리더였고, 그 덕분에 전승무

패의 신화를 이끌어낸 명장이 될 수 있었을 뿐만 아니라 풍전등화 같았던 나라를 구한 위인이 될 수 있었던 것이다.

이순신 장군이 용기와 충심만 있는 리더였다면 부하들은 물론이고 국가도 위태로워졌을 것이다. 하지만 이순신 장군은 지혜와 전략을 갖춘 리더였다. 그가 지혜와 전략을 갖춘 리더라는 증거는 차고 넘친다. 그중 몇 가지만 이야기해보겠다.

그는 임진왜란이 발발하기 전에 일본의 해전 병법과 조선의 해전 병법, 그리고 조선 수군의 함선인 판옥선과 일본 수군의 함선인 아다케부네와 세키부네에 대해 미리 공부하고, 임진왜란이 일어나기 전에 거북선이라는 위대한 함선을 미리 만들어 준비할 만큼 지혜로운 리더였다.

그뿐 아니라 일본 수군의 전술인 '등선육박전술(登船肉薄戰術: 적선과 충돌하여 서로 접하게 될 때 적선에 등선하여 칼로 육박전을 벌이는 전술. 일본은 그 당시 칼싸움을 가장 잘했다고 한다)'을 역이용하고 무력화하기 위한 전략도 미리 세워놓았다.

거북선의 덮개가 바로 이러한 지혜와 전략에서 나온 것이다. 속도전이 중요한 해전에서 무게를 가중시키는 덮개는 큰 해가 될 수 있다. 하지만 여기에는 전략이 숨어 있었다. 왜군이 자신들의 특기인 검술을 사용하기 위해 우리 배로 뛰어올라오는 것을 막기 위해 거북선에 덮개를 만든 것이었고, 실전에서 이는 큰 효과를 발휘했다.

그의 지혜와 전략을 알 수 있는 가장 중요한 대목은 바로 학익진鶴翼陣이다. 육전에서 사용하던 진법인 학익진을 해전에 응용하여, 독특한 형태를 띤 이순신만의 학익진으로 재창조해냈다. 학익진이라는 진법은 그 당시 장수라면 누구나 아는 진법이었다. 전쟁이 잦은 일본에서는 학익진이라는 진법을 사용하는 사람들이 이미 많았다. 하지만 그것은 사용하는 사람에 따라 승리의 병법이 될 수도 있고 실패의 병법이 될 수도 있다. 그래서 전쟁터의 리더는 몸이 아니라 머리로 싸워야 한다.

반드시 명심하자. 지혜와 전략이 부족한 리더가 용기와 부지런함만 넘치면, 자신뿐만 아니라 부하들의 생명까지도 위태롭게 할 수 있다. 그래서 우리는 언제나 독서를 해야 하는 것이다.

이순신 장군의 대표적인 전략은 이것이다. "만반의 전투 준비 태세는 승리의 기초다"라는 '만전지책萬全之策'의 전략과 "이길 수 있는 조건을 갖춘 뒤에 싸워라"라는 '선승구전先勝求戰'의 전략을 철저하게 지켰다. 이를 통해 우리는 이순신 장군의 지혜를 엿볼 수 있다.

명심하라. 리더는 전략과 지모로 싸우지만, 하수는 감정과 조급함으로 싸운다.

책을 통해 배운 리더의 조건은, 리더는 늘 공부해야 한다는 것이다. 리더는 지혜와 전략이 뛰어나야 한다. 다시 말해, 리더가 되었다면 공부와 독서를 게을리해서는 안 된다. 그것은 리더의 의무다.

지혜와 지모가 넘치는 리더가 최고의 리더다.

가장 나쁜 나라는 어떤 나라인가? 가장 나쁜 가장은 어떤 가장인가? 가장 나쁜 나라는 힘이 없어서 백성을 지켜내지 못하는 나라다. 가장 나쁜 가장은 능력이 없어서 식구들을 굶게 하는 가장이다.

가장 나쁜 리더는 지혜와 지모가 부족해서 부하들을 사지에 몰아넣고, 자신도 죽고 부하들도 전멸하게 만드는 리더이다. 리더가 되어서 지혜와 지모가 부족하다면 그는 가장 나쁜 리더인 것이다. 그렇기 때문에 리더는 절대로 독서를 멈추지 않아야 한다. 매일 끊임없이 쉬지 않고 독서를 하고 또 해서, 지혜와 지모가 뛰어난 리더가 되는 것이 리더의 유일한 의무이고 가장 중요한 의무다.

이순신 장군은 다음과 같이 말했다.

"지혜와 전략이 부족한 리더가 용기만 넘치면 자신뿐만 아니라 따르는 부하들의 생명까지도 위태롭게 할 수 있다. 이것이 리더가 공부해야 하는 이유다."

위　기　는
또　다　른
기　회　다
—

비가 온 후 땅이 굳고, 대나무는 마디가 있기 때문에 빨리 성장하고 단단해질 수 있듯이, 세상의 이치는 누구에게나 어김없이 적용되는 듯하다. 비가 오지 않고 좋은 날씨만 계속된다면 그것은 재앙일 뿐이다. 사막이 될 수밖에 없기 때문이다.

시련과 역경 없이 승승장구하기만 했다면, 나는 지금쯤 이만큼 성공하지 못했을지도 모른다.

내가 좋아하고 자주 언급하는 무서운 책 중 하나가 『주역』이다. 이 책을 보면 모든 것은 변화한다는 사실을 강조한다. 성공도 실패도 계속해서 변한다는 것이다. 그래서 성공해도 절대로 자만하거나 경거망동하지 말고, 실패해도 절대로 절망하거나 의기소침하지 말라고 한다.

그래서 나는 '남들보다 빨리 실패하고, 그 실패로부터 빨리 배우고, 다시 도전해서 성공하자'라는 철학을 주장하는 사람들의 이야기에 동의하는 편이다.

나는 누구보다 빨리 실패했고 많이 실패했다. 그리고 그 실패로 인해 인생의 교훈과 삶의 기술을 얻을 수 있었다.

역경은 기회의 또다른 이름이다. 역경과 시련, 어려움 덕분에 내가 이만큼 성공할 수 있었기 때문이다. 시련과 어려움이 없었다면 성공에 도취해 자만하거나 나태해졌을 것이다. 하지만 그럴 여유가 없었다. 시련과 어려움이 곧바로 찾아왔기 때문이다.

시련과 역경이 인생에서 필요한 이유는, 그것을 겪으면서 점점 더 지혜로워지고 전략가가 되고 유연한 사고를 하게 되기 때문이다. 그래서 단 한 번도 실패해보지 않은 사람들, 운이 좋아서 단 한 번도 큰 시련과 역경, 어려움을 경험해보지 못한 사람들은 엄청난 성공을 거둔 후에 아주 작은 시련과 역경 때문에 극단적인 선택을 해서 스스로 파멸의 길을 가기도 한다.

유방과 항우의 이야기에서도 시련과 역경이 왜 꼭 필요한지 알 수 있다. 중국 최초의 통일 왕조인 진나라가 멸망하자, 유방과 항우가 천하를 두고 다투는 형국이 되었다. 그런데 유방은 출신도 미천하고, 항우와 싸울 때마다 번번이 패전을 거듭하면서 엄청난 시련과 역경을 겪게 된다. 반면에 항우는 싸울 때마다 승리를 거두고, 단 한 번도 패전한 적이 없어 끝없이 자만하게 되었다.

동양 고전에 '싸움에서 이겨 천하를 가진 자는 드물고, 전쟁에서 져서 천하를 가진 자는 많다'라는 말이 있다. 이 말의 깊은 뜻은 바로 여기에 있다.

유방은 번번이 싸움에서 패전하고, 항우는 단 한 번도 패전해본 적이 없다. 그런데 마지막 전투에서 딱 한 번 패전한 항우는 결국 그 시련과 어려움을 이겨내지 못하고 자살을 하고 만다.

시련과 역경은 대나무로 보면 꼭 필요한 마디와 같다. 시련과 역경은 더 높이 도약하고 성장하기 위해 필요한 든든한 발판과 같다.

좋은 일이 생기면 그에 따른 폐해가 생겨나기 마련이다. 그래서 좋은 일도 결국 나쁜 일의 불씨가 되고, 반대로 어떤 시련이나 어려움, 역경과 고난은 깊이 살펴보면 좋은 성공의 토대가 되고, 기회가 되고, 계기가 될 수도 있다.

그러므로 성공했다고 해서 결코 자만해서는 안 되고, 실패했다고 해서 결코 좌절해서도 안 된다. 늘 변함없이 우직하게 자신의 길을 가는 사람은 반드시 성공할 수밖에 없다. 아니, 오히려 그는 성공과 실패에 그리 연연해하지 않기에 더욱더 성공할 수밖에 없다.

시련과 역경, 그리고 어려움과 고난은 성공과 성장의 좋은 기회이며, 성공의 동력이 되어준다. 다시 말해, 많은 것을 배울 수 있는 기회의 다른 모습일 뿐이다. 시련과 어려움 없이 위대한 일을 이룬 사람은 역사에 단 한 명도 없다. 시련과 어려움만큼 사람을 성장시키고 지혜롭게 하는 것도 없기 때문이다.

시련과 역경의 중요성을 잘 말해주는 예가 영국인들이 좋아하는 청어 이야기다.

청어는 영국에서 멀리 떨어진 먼 북해나 베링 해협에서 잡히기 때문에 잡아서 운반하는 과정에서 대부분 죽어버린다. 거리적 난관 때문이다. 하지만 언제부터인가 런던의 수산 시장에 살아 있는 청어가 대량으로 공급되기 시작했다. 그 이유를 살펴보니 매우 충격적이었다. 청어를 수송해올 때 청어만 수조에 넣고 밥을 많이 주고 편하게 데리고 오면, 청어들은 어떤 시련이나 역경도 없기 때문에 거의 다 죽는다. 그런데 그들의 천적으로 사나운 어종에 속하는 물메기라는 곰치를 몇 마리만 넣어놓으면, 청어들이 생존하기 위해 계속해서 움직이고 도망 다닌다. 오히려 가혹한 환경 때문에 청어들이 대부분 싱싱한 상태로 살아서 런던에 도착한다는 것이다.

이것이 바로 역사학자 토인비가, 문명의 발생과 번영의 가장 큰 요인이 좋은 환경이나 좋은 기후가 아니라 오히려 반대로 혹독한 환경과 나쁜 기후라고 말한 것과 일맥상통하는 이치다. 시련과 역경을 끊임없이 마주해야 하고 응전해야 하는 곳에서 문명이 발전하고 번영했다는 사실은, 시련과 역경이 삶을 살아가는 데 반드시 필요한 것임을 뜻한다.

아놀드 토인비가 말한 도전과 응전의 역사가 바로 문명의 역사였다는 말을 우리는 잊어서는 안 될 것이다. 찬란한 이집트 문명의 토대는 나일강 지역이었다. 이 지역은 독사가 득실거리고 매년 홍수가 나서 사람이 살기 힘들고 혹독한 환경이었다. 하지만 이런 환경에서 찬란한 이집트 문명이 시작되었다. 그러한 자연에 인간이 응전하는 과정을 통해 문명이 탄생한 것이다.

오히려 환경과 기후가 좋은 곳에 사는 민족들은 작은 위기에도

쉽게 전멸해버렸다는 것이 충격적이다. 이런 역사를 통해 우리는,
시련과 역경이 두려워 그 어떤 것에도 도전하지 않는 것은 굉장히
어리석은 짓이라는 사실을 알 수 있다.

1만 권 독서의 즐거움을 누리면, 사람의 성격도 바뀌고 기질도 바뀐다. 한마디로 그 사람 자체가 바뀐다 해도 과언이 아니다.

실제로 독서는 사람의 기질을 바꾼다고 한다. 심지어 『주역』에서는 인간의 팔자를 바꾸는 것 중 하나가 독서라고 하지 않는가?

요즘 들어 아내가 내가 예전과 많이 달라졌다는 말을 많이 한다. 과거에는 소심하고 우유부단하고 성급하고 작은 일에도 흥분했는데, 몇 년 전부터는 어딘지 모르게 여유가 생겼고 성품이 온화해지고 세상을 달관한 사람 같다는 것이다.

아내는 특히 내게 여유가 생겨서, 무슨 일을 할 때나 여행을 함께 갈 때 자신을 재촉하거나 무언가를 강요하지 않아 좋다고 한다. 과거에는 반드시 무엇을 해야 하고, 정해진 계획대로 움직여야 직성이 풀리는, 융통성 없이 꽉 막힌 남편이었기 때문에 불편하고 힘든 점이 한두 가지가 아니었다고 볼멘소리로 속내를 털어놓기도 했다. 하지만 지금은 그때와는 완전히 다른 남자와 살고 있는 것 같다고 한다.

1만 권 독서의 즐거움은 내게 무엇보다 삶의 여유와 기쁨을 누리게 해주었고, 그 결과 웬만해서는 바뀌기 힘든 인간의 기질과 성품마저 바뀌게 되었다.

도서관에서 1만 권 독서의 즐거움을 마음껏 누리면서 내가 얻은 것들은 상상할 수 없을 정도로 많다. 그중 하나가 신선의 삶이었다.

'일일청한一日淸閒 일일선一日仙'이라는 말이 있다.

하루 동안 마음이 맑고 한가롭다면 그 하루 동안은 신선과 다름없다는 말이다. 나는 세상을 떠나 도서관에 칩거하다시피 하면서 1만 권 독서의 즐거움을 오롯이 누렸기 때문에, 세상에 대한 어떤 분노와 집착, 걱정이나 근심이 없었다. 그래서 마음이 늘 맑고 한가로웠다. 그렇게 평온한 상태에서 독서를 하니, 더이상 세상에 부러울 것이 없었다.

독서는 분주한 삶에서 잠시 벗어나 멈추게 해준다. 잠시 멈추고 마음에 여유를 갖게 하고, 그로 인해 망중한을 느끼게 해준다. 그 짧은 시간 동안 우리는 신선이 된다.

신선이 된다는 것은 무엇인가? 책을 읽는 그 시간 동안에는 세상의 온갖 욕심과 집착의 찌꺼기에서 벗어난다는 것을 의미한다. 세상의 온갖 걱정거리, 골치 아픈 일, 원망과 분노의 찌꺼기, 근심과 염려와 두려움의 감정들, 이런 것들을 모두 내려놓고 독서에만 집중

하는 그 시간에는 신선이 된 것과 다를 바 없다.

　책을 읽는 사람만이 누릴 수 있는 기쁨은, 세상에서 부자가 되고 건물주가 되고 유명인이 되어 누릴 수 있는 기쁨과는 차원이 다르다. 더 큰 기쁨이다. 이는 겪어본 사람, 경험한 사람만이 알 수 있다. 부자가 되고 성공할 때 누리는 기쁨과는 전혀 다르다. 그저 책만 읽어도, 책 읽는 사람만이 누릴 수 있는 기쁨을 마음껏 느낄 수 있기에 독서는 특권이며 축복이다.

일본 사람들은 원래 독서를 즐기지 않았다. 일본인이 일본 신문에 자발적으로 쓴 기사를 보면 그런 말이 나온다.

그런데 일본은 1916년 선진국으로 도약하기 위해서는 경제 성장뿐만 아니라 국민들의 의식 성장과 지적 수준의 도약이 반드시 필요하다는 사실을 깨닫고, 정부 차원에서 일본 전역에 도서관을 건립하기 시작했다.

그때 10년 동안 일본이 세운 도서관 수가 무려 4000개였다. 그리고 도서관만 건립한 것이 아니라, 국민들이 일을 마치고 집에 돌아가기 전에 반드시 도서관에 가서 책을 읽고 대출을 받아 가게 했다.

1910년 이전에는 일본 전국에 도서관이 수십 개뿐이었다. 그런데 정부 차원에서 스스로 부족함을 각성하고 대대적으로 도서관을 건립한 것이다. 이런 점은 우리도 배워야 할 것이다.

그렇게 일본은 정부 차원에서 독서 국민을 탄생시켰다. 일본은 다이쇼시대에 들어서면서 도서관 수를 비약적으로 늘리면서 책 읽는 문화를 만들었다.

세계적인 강대국과 선진국은 모두 도서관 수와 국민들의 독서량과 독서 수준이 어마어마하다. 미국의 공립 도서관 수는 현재 9000여 개, 영국은 4000개, 독일은 1만 개, 이탈리아는 6000개이다. 이웃나라 일본과 중국은 3000개 정도인데 한국은 몇 개일까?

지금 한국의 공립 도서관 수는 800개 정도이다. 정확한 수치는 의미가 없다. 1000개가 안 되는 것은 분명한 사실이다.

문제는 이것뿐만이 아니다. 공립 도서관에서 보유하고 있는 장서 수도 문제다. 미국은 7억 6000만 권이고, 영국은 1억 권, 독일도 9000만 권 정도 된다. 러시아는 9억 5000만 권, 일본과 중국은 비슷하게 3억 3000만 권과 4억 권이다.

한국은 5000만 권에서 7000만 권 사이일 것이라고 나는 추정하고 있다. 원래 조사할 때는 3000만 권이었지만, 그사이 시간이 흘렀으므로 후하게 추정한 수치이다.

결국 한 나라의 부와 힘은 국민들의 독서력과 독서의 두께와 양과 질에 달려 있다는 사실을 1만 권 독서의 즐거움을 누리면서 알게 되었고, 그것을 알게 되자 나는 가만있을 수가 없었다.

원래 조선의 선비들은 평생 책을 읽었고, 책 쓰는 것을 업으로 삼았다. 조선은 위대한 인문학 국가였다.

우리 선조들 중에는 한 페이지를 대각선으로 읽는 독서의 신이 아주 많았고, 독서의 두께와 양과 질이 매우 두껍고 높았기 때문에 많은 책을 쓸 수 있었던 것이다.

글을 잘 읽고 잘 썼던 민족이지만, 일제 강점기 때 우리는 이 모든 독서법과 독서력과 책 쓰기의 바탕을 모조리 짓밟히고 말살당하고 말았다. 그리고 아이로니컬하게도 일제 강점기를 기점으로 일본과 한국, 두 나라 독서의 양과 질, 책 쓰기 수준과 양이 정확히 대칭적으로, 한 나라는 발전하고 또다른 한 나라는 쇠퇴했다는 것을 알게 되었다.

1만 권 독서의 즐거움을 누리면서 우리 민족의 독서력이 떨어지게 된 아픈 역사를 알게 된 것이다. 그래서 2013년 3월 1일, 삼일절부터 독서 혁명 프로젝트를 시작하게 되었고, 지금까지 이어오고 있다.

독서 혁명 프로젝트는, 독서가 어렵고 힘든 사람들에게 독서의 기술과 독서법을 알려주는 수업이다. 3년 동안 2000명에게 독서의 기술과 독서법을 알려주었고, 이는 『1시간에 1권 퀀텀 독서법』의 토대가 되었다.

나는 독서를 잘하는 독서 천재들이 많은 나라가 독서 강국이라는 신념을 가지고 있다. 독서를 세계에서 가장 잘하는 민족이 된다면, 우리나라의 미래는 어떻게 될까? 굳이 말하지 않아도 모두가 알 것이다.

문 맹 률 은
최 저 지 만
문해력은 꼴찌?

1만 권 독서의 즐거움을 누리면서 더욱 뼈저리게 알게 된 것은, 대한민국 국민들만큼 문해력이 부족한 국민들도 없다는 가슴 아픈 사실이었다.

나도 그랬지만, 많은 독자들이 한 권의 책을 읽어도, 심지어 3주 동안 한 권을 읽어도 그 내용을 제대로 이해할 수 있는 능력과 수준이 부족하다는 사실을 스스로 자각하거나 인식하지 못하고 있다.

OECD 국가들을 대상으로 문해력을 조사한 적이 있었다. 그런데 이 조사 결과가 매우 충격적이다. 2013년에 국제 성인 역량 조사의 결과를 보면, OECD 가입국 중에서 우리나라가 언어 능력 수준이 꼴찌라는 결과였다.

또한 16~65세 중에서 언어 능력 수준이 OECD 평균 이하인 한국인의 비율이 굉장히 높다고 한다. 즉 읽고 이해하는 능력에서 한국인이 꼴찌라는 것이다.

또다른 조사 결과에서도, 우리나라 성인 중 문해력이 최저 수준인 사람이 OECD 평균인 22퍼센트보다 훨씬 높은 38퍼센트나 된다는 사실을 지적한 바 있다. 국립국어원에서도 국민 국어 능력 실태 조사를 통해, 전체 국어 능력을 4등급으로 나눴을 때 기초 미달 등급에 해당되는 사람의 분포 비율이 54퍼센트라는 통계를 발표한 바 있다.

한마디로 이야기하면, 한국인은 한 권의 책을 읽어도 제대로 이해할 수 있는 사람의 비율이 OECD 국가에서 가장 낮다는 것이다.

문맹률이 낮다고 해서 그 나라 국민들의 독서 수준이 높은 것은 결코 아니다. 글자를 읽을 수 있는 것과 책을 읽고 이해할 수 있는 것은 너무나 다른 것이라는 사실을 이때 알게 되었다.

많은 사람들이 글자만 알면 책도 읽을 수 있다고 생각한다. 하지만 그것은 심각한 오류를 품고 있다. 독서는 단순히 텍스트를 이해할 수 있고 읽을 수 있다고 해서 가능한 것이 아니다. 독서는 인간이 할 수 있는 오만 가지 행위 중에서 가장 복잡한 고난이도의 뇌 활동을 근거로 한 행위이며 일종의 기술이다.

자전거도 하물며 배워야 탈 수 있다. 그런데 자전거 타기보다 몇천만 배 더 복잡하고 어려운 독서의 기술을, 우리나라 사람들은 너무 쉽게 얕잡아 본다는 것이 큰 문제이다.

그래서 나는 이런 사실을 알리기 위해 독서 혁명 프로젝트를 시작했고, 좋은 독서의 기술을 함께 연구하고 개발하고 만들어가려

했다. 벌써 5년이라는 세월 동안 이 프로젝트를 이어오고 있다.

뜻이 있는 곳에 길이 있다는 말이 괜히 있는 말이 아니었다. 뜻을 세우자 길이 열렸다. 사람들이 찾아왔고, 독서법 수업을 할 수 있게 된 것이다.

그 이유는 무엇일까? 한국인은 독서를 해도, 책 한 권을 읽어도 제대로 이해하지 못하는 사람들이 적지 않기 때문이다. 그래서 독서가 스트레스였던 것이다. 책 한 권 읽고 이해하는 데 열 시간이 넘게 걸리기 때문에 독서를 즐기는 사람들이, 독서를 좋아하는 사람들이 그토록 없는 것이다.

느리게 읽는 것은 아무 문제 없다고 주장하는 사람이 있다. 물론 일부러 느리게 읽는 사람은 배제해야 한다. 빨리 읽고 싶지만 독서력이나 독서 경험이 없어서 독서가 안 되는 사람들에게는 속도가 문제인 것은 분명하다.

정보 과잉 시대, 정보화 시대에 책을 읽는 속도가 이해하는 것보다 더 중요하다는 사실을 깨닫는 사람은 많지 않다. 4장과 5장에서 독서의 방법과 수준에 대해 더 많은 이야기를 할 것이다.

제 3 장

1만 권 독서가 가져다준 기적들

독서의 유익함에 대하여

잔잔한 바다는 노련한 사공을 만들지 못한다.
—아프리카 속담

잔잔한 바다에서만 항해를 한 사공은 노련해지기 힘들다. 마치 온실 속의 화초처럼 말이다. 잔잔한 독서만 한 사람은 결코 변화와 성장을 경험하지 못한다.

물이 끓을 때도 99도를 넘어야만 한다. 독서도 이 같은 성질을 가지고 있다. 평생 잔잔한 독서만 해온 사람은 늘 그 자리에 머문다. 거친 독서를 하며 독서의 망망대해에 빠져봐야 한다. 그래서 독서의 어마어마한 깊이와 넓이를 혹독하게 경험하고, 좌절하고 절망해봐야 한다.

바다로 나아가 거침없이 항해해보지도 않고, 바닷가에서 조개만 주우면서 바다의 위대함을 찬양하고 바다를 안다고 해서는 안 된다. 근래에는 이런 사람들이 갑자기 많아지는 듯하다.

집안 정리만 잘해도 인생이 바뀐다고 한다. 독서를 전혀 하지 않던 사람이 책을 읽기 시작하면 당연히 인생이 바뀐다. 하지만 그것이 전부가 아니다. 이는 빙산의 일각에 불과하다. 진짜 독서의 본체를 경험하지 못하고도 독서로 인생이 바뀌었다고 쉽게 말하는 사람들이 있다. 물론 그런 사람들의 주장도 진실이고 사실이다. 하지만 그런 독서로는 뇌 회로가 바뀌지는 않을 것이다.

다시 말해 독서는, 특히 1만 권 독서는 뇌의 회로까지 바꾼다. 정말일까?

"거짓말도 너무 심하시네요. 독서가 뇌 회로를 바꾼다고요?"

정말이다. 독서는 뇌 회로를 급격하게 바꾼다. 독서의 유익함은 끝이 없다.

독 서 는
인 생 을
바 꾼 다

옛날 사람들은 독서를 하면 인생이 바뀐다고 말했다. 특히 『주역』에 그런 이야기가 많이 나온다. 다산 선생은 폐족 된 가문의 자녀들이 할 수 있는 유일한 것, 인생을 바꿀 수 있는 유일한 것이 독서라고 했다.

독서가 과연 무엇이기에 이렇게 강조하는 것일까?

"독서를 하면 인생이 바뀐다."

독자들에게 묻겠다. 정말일까? 정말이라면 지금 독서를 하고 있는 당신은 인생이 바뀌었는가? 과거에도 꾸준히 독서를 해온 당신이라면, 지금은 인생이 수십 번은 바뀌었어야 한다. 당신은 어떤가?

독서로 인생이 바뀐 사람이 분명 있을 것이다. 나를 비롯해 내 주위에도 굉장히 많다. 당신이나 혹은 당신 주위 사람들 중에서도 누군가는 독서로 인생이 바뀌었을 것이다.

이제 당신 차례다. 독서로 인생을 바꿀지, 안 바꿀지는 오롯이 자기 몫이다. 그것은 타인이 대신해줄 수 있는 일이 아니다.

독서로 인생을 바꾼 사람이어도 독서를 멈추어서는 안 된다. 독서를 멈추는 순간 바뀐 인생이 다시 제자리로 되돌아갈 수도 있기 때문이다. 독서는 평생 해야 하는 것임을 명심하자.

다른 인생을 살고 싶다면 가장 좋은 방법이 독서다. 그런데 무작정 독서를 한다고 해서 인생이 바뀌지는 않는다. 독서법을 바꾸어야 한다. 독서법을 바꾸면 인생이 바뀐다. 물론 그 중간에 독서의 양과 질이 바뀐다는 조건이 포함되어 있다.

독 서 는
삶의 질과 격을
바 꾼 다

독서를 한다고 삶의 질과 격이 무조건 바뀌는 것은 아니다. 학교를 다니면서 공부를 한다고 해서 누구나 좋은 인생을 사는 것은 아니듯이 말이다. 공부를 잘하는 친구들이 공부 덕을 본다. 공부를 잘하기 때문에 똑똑해지고, 많은 지식과 기술을 터득하게 되고, 전문가 자격증을 따게 되고, 리더나 CEO가 되거나 전문가가 되는 것이다.

독서도 공부와 다르지 않다. 심심풀이로 혹은 교양을 쌓고자 독서를 하는 사람은 삶의 질과 격이 바뀌지 않는다. 미안하지만 그렇다. 심심풀이 혹은 교양을 쌓기 위해 독서를 하는 사람은, 잡지나 신문이나 인터넷을 열심히 읽고 보는 사람과 다르지 않기 때문이다.

삶의 질과 격을 바꾸는 독서는, 대학교나 대학원에서 하는 것과 같은 성격의 집중 독서를 말한다.

적당히 대충대충 남들만큼 해서는 남들보다 더 잘살 수 없다. 독서도 마찬가지다. 대충대충 적당히, 남들만큼 해서는 남들을 뛰어넘을 수 없다.

독서의 질과 격, 즉 독서의 수준이 당신 삶의 질과 격이다. 이는 틀린 말이 아니다. 그렇기 때문에 먼저 독서의 질과 격을 높여야 한다. 그래야 당신의 질과 격도 높아진다.

독서의 질과 격을 높이기 위해서는 어제까지의 독서 방법과 기술을 먼저 검증해봐야 한다. 속도가 어느 정도 받쳐주는 독서법인가? 심층까지 이해가 잘되는 독서법인가? 무엇보다 읽은 책의 내용이 머릿속에 남는 독서법인가? 이 모든 것을 검증해봐야 한다.

효과적이고 좋은 독서법이 없다면 먼저 좋은 독서법을 배우고 익혀야 한다. 빌 게이츠가 가장 갖고 싶은 독서법이 바로 '책을 빨리 읽는 기술'이라고 하지 않았는가?

왜일까? 읽으면 유익한 책들이 많이 출간되기 때문이다. 정보 과잉의 시대에는 속도가 이해보다 더 중요할지도 모른다.

지금까지의 독서법이 당신의 독서 실력과 수준을 지속적으로 향상시켜주지 못했다면 그런 독서법은 당장 버리는 것이 좋다. 당신을 독서 천재로 만들어주지 못하는 독서법은 좋은 독서법이 아니다.

독　서　는
국가의 운명을
바　꾼　다

우리가 독서를 미친듯이 해야 하는 이유가 있다. 물론 다른 책에서도 이런 이야기를 한 적이 있다. 중복되지만 다시 한번 강조하고 싶다. 『1시간에 1권 퀀텀 독서법』을 읽은 사람은 이 부분을 건너뛰어도 무방하다.

우리가 독서를 열심히 해서 수준을 향상시키면, 놀랍게도 거기서 끝나는 것이 아니다. 국민 한 명 한 명이 그렇게 되면 그 나라가 잘살게 된다. 그리고 그 후손들이 좀더 좋은 나라, 살기 좋은 나라, 청렴한 나라, 자랑스러운 나라에서 살게 된다.

다시 말해, 독서를 열심히 하는 것은 우리가 속한 나라의 소프트 파워를 강화시키는 최고의 방법이며, 개인이 할 수 있는 유일한 방법이다. 국가의 힘은 무력이나 경제력 같은 하드 파워와 그 나라 국민의 의식 수준과 정신력, 지식과 지력 등과 같은 소프트 파워로 결정된다.

그런데 선진국으로 갈수록 이 두 가지 힘 가운데 먼저 하나가 앞서고 그다음에 나머지 힘이 뒤따라간다는 것을 알 수 있다. 과연 어떤 힘이 먼저일까? 그것은 소프트 파워다.

인류 역사상 강대국을 보면, 국민의 의식 수준이 급격히 높아지고, 그로 인해 하드 파워가 뒤따라갔음을 알 수 있다. 영국과 독일이, 러시아와 미국이 그랬다. 하지만 유일하게 일본은 그 반대였다. 그래서 일본은 역사적으로 큰 과오를 저질렀는지도 모른다.

초등학생에게 갑자기 100억 원이 생기거나 감당하기 힘든 힘이 생기면 굉장히 위험해진다. 본인도 위험해지지만 주위 사람들이 더 위험해진다. 앞서 언급했듯이 일본은 일제 강점기 때 국민들의 의식 수준이 형편없다는 사실을 자각하고, 일본 본토에 4000개의 도서관을 짓고 정부 차원에서 독서 국민을 만들기 시작했다. 그래서 지금의 독서 강국이 탄생하게 된 것이다.

한 나라가 독서 강국이 되기 위해, 아니 강대국이 되고 선진국이 되기 위해 가장 필요한 것은 국민들의 높은 의식 수준이다. 그것을 가능하게 해주는 유일한 방법이 교육이 아니라 독서라는 사실을 인류 역사가 알려준다.

독서 강국이 아니면서 강대국, 선진국, 잘사는 나라가 된 국가가 있다면 그것은 정말 놀라운 일이다. 하지만 그런 나라는 존재하지 않는다.

독서는 국가의 운명을 바꾼다. 국민의 독서력은 곧 국가의 힘을

결정짓고 미래를 좌우한다. 국민 독서의 두께와 양은 결국 국가의
운명을 결정한다.

독 서 는
부와 성공을
결 정 한 다

독서를 하면 인생이 달라질 뿐만 아니라 부와 성공도 얻을 수 있다. 독서를 해서 부와 성공을 얻은 사람이 주위에 있는가? 아마도 실제로 한두 사람은 존재할 것이다.

당신이 지금까지 하고 있는 독서의 수준이 결국 당신의 부와 성공의 수준을 결정한다. 독서를 엄청나게 많이 한 사람은 엄청나게 많은 부를 얻고 큰 성공을 한다. 남들만큼만 독서를 한 사람은 남들만큼의 부와 성공을 얻는다.

엄청나게 많은 독서를 해서 엄청난 부와 성공을 거둔 사람이 바로 워런 버핏이다. 그는 어렸을 때부터 독서를 엄청나게 많이 했다. 그리고 지금도 엄청나게 많이 하고 있다. 많은 사람들이 잘 모를 수도 있지만, 위대한 투자가 조지 소로스도 독서를 많이 한 사람이다.

독서는 부와 성공을 결정한다. 곰곰이 생각해보면 독서를 잘하는 민족은 대체로 풍요로운 나라를 건설한다. 독서나 책과 거리가 먼 민족일수록 가난하게 산다는 것을 역사가 증명해준다.

"주기도문을 외우는 민족은 굶어죽지 않는다"라는 말이 있다. 우리 부모님 세대에는 굶어죽는 사람이 많았다. 몹시 가난했다. 그런데 기독교가 들어와 주기도문을 외우기 시작하는 국민의 수가 많아졌다. 그 결과 세상에서 가장 가난한 나라 중 하나였던, UN에서 원조를 받던 가난한 나라가 지금은 세계 경제 대국 10위 전후에 오를 만큼 잘사는 나라가 되었다.

왜 주기도문을 외우는 민족은 굶어죽지 않을까? 그것은 결국 성경이라는 책에 그 비밀이 있다. 신앙심과 하느님의 축복으로 풍요롭게 살게 된다는 종교적 측면을 제외하고, 순수하게 독서와 책의 관점에서 생각해보면 어떨까? 주기도문을 외우기 위해서는 성경을 읽어야 하고 신앙심을 키워야 한다. 매일 성경을 읽는 민족이 되는 것이다. 매일 독서를 하는 민족은 독서의 질과 격이 높아지고, 독서 수준이 과거에 비해 월등히 높아진다.

바로 그것이다. 매일 독서를 하지 않았던, 수불석권하지 않았던 백성들이 매일 책을 읽게 되면, 그 첫번째 효과는 바로 부자가 되는 것이다.

독서를 많이 하는 사람은 결코 게으르거나 나태하지 않다. 매일 책을 가까이해야 하기 때문이다. 매일 책을 읽는 습관은 사람을 근면 성실하게 해주고, 교만하거나 자만하지 않게 해준다. 바로 이런 이유에서 독서를 하는 사람은, 그것도 매일 독서하는 사람은 직장에서 승진이 빠르고, 회사를 운영하면 그 회사가 잘되고, 조직을 맡으면 그 조직을 잘 이끌어나가는 것이다.

자세의 측면만이 아니다. 독서를 매일 하는 사람, 많이 하는 사람은 책을 통해 매일 지혜를 쌓게 되고, 일과 사람, 세상을 꿰뚫어보는 통찰력을 얻게 된다. 그런 지혜와 통찰력, 빠른 사고력과 판단력은 성공에 꼭 필요한 요소이다.

독서 수준이 높은 사람들이 부자가 되고 성공하는 이유는, 독서를 하지 않는 사람이 부자가 되지 못하고 성공하지 못하는 이유와 같다. 독서를 많이 하는 사람은 부자에게 필요한, 성공하는 사람에게 필요한 것들을 책에서 매일같이 수도 없이 얻기 때문이다.

독 서 는
천 재 를
만 든 다

적당한 수준의 독서를 하는 사람은 적당한 수준의 변화와 성장을 하게 된다. 하지만 엄청난 양의 독서를 하는 사람은 자신의 수준을 뛰어넘을 수 있다. 한마디로 독서를 많이 하면 천재가 될 수도 있다.

정말이다. 엄청난 양의 독서로 천재가 된 사람이 어디 한두 명인가? 수도 없이 많다. 존 스튜어트 밀을 비롯해 세종대왕, 정조, 다산 정약용, 율곡 이이, 조지 소로스, 워런 버핏, 안중근 의사, 교보문고 신용호 회장, 레오나르도 다빈치, 빌 게이츠, 오프라 윈프리, 헬렌 켈러 여사……

독서는 진짜 천재를 만든다. 천재가 되는 유일무이한 최고의 방법은 독서다. 그렇다면 왜 많은 사람들이 독서를 하는데도 천재가 되지 못하는 것일까? 그것은 독서량이 부족하기 때문이고, 효과적인 독서법으로 독서를 하지 않기 때문이다. 다시 말해, 독서의 수준이 천재가 되는 수준까지 이르지 못했기 때문이다.

너무 냉정하게 들리는가? 하지만 사실이다. 독서를 한다고 해서 누구나 천재가 되는 것은 아니다. 독서의 수준은 사람마다 차이가 난다. 독서의 수준을 결정짓는 것은 독서의 양과 질과 두께다.

아무리 똑똑한 사람이라도 독서의 양이 5000권 이상 되지 않으면 천재가 되기 힘들다. 세상은 정확하기 때문이다. 양은 반드시 필요하다. 그리고 양만 많다고 해서 천재가 되는 것은 아니다. 나를 보면 알 수 있다. 나는 아직 천재가 되지 못했다. 독서량은 많았는데 왜 천재가 되지 못했을까? 그것은 질이 부족했기 때문이다.

그래서 지금은 높은 수준의 독서를 하고 있다. 그렇다고 해서 천재가 되고 싶다는 말은 아니다. 그런 욕심은 없다.

양과 질이 충족되면, 마지막으로 독서의 두께가 중요하다. 독서의 두께는 무엇일까? 그것은 독서를 통해 새롭게 만들어나간 자신의 견해와 생각의 총합을 말한다. 아무리 많은 책을 읽었다 해도 책 내용만을 그대로 받아들인 사람은 백과사전에 불과하다.

이런 독서는 위험하다. 공부만 하고 생각하지 않는 것이 얼마나 위험한지는 공자도 말하지 않았는가? 독서의 두께는, 독서의 양과 질을 토대로 자신이 스스로 발전시키고 확장시켜나간 자기만의 견해와 생각이다. 이런 견해와 생각이 많은 사람은 책을 얼마든지 쓸 수 있다.

독서의 두께를 갖추지 않으면 책을 하루에 수백 권, 수천 권을 읽어도 헛된 것이라고 다산 정약용 선생이 강조한 바 있다. 아무리 많은 책을 매일 읽어도 책 내용을 수동적으로 이해하고 받아들인 사람은 독서의 두께가 없는 것이다. 그래서 오직 읽기만 하는, 진짜 책 바보가 되는 것인지도 모른다.

독서의 양과 질, 그리고 두께가 어느 정도 되는 사람은 천재로 거듭나게 된다.

독 서 는
전 문 가 를
양 성 한 다

독서를 많이 하면 어떤 분야에서든 전문가가 될 수 있다. 그래서 전문가가 되는 가장 쉽고 빠른 방법은 독서라고 하지 않는가?

독서를 하면, 누군가가 평생 고생해서 얻은 노하우와 지식, 정보를 빠르고 쉽게 자기 것으로 만들 수 있기 때문이다. 그래서 독서는 마법이고, 전문가가 되는, 가장 놀라운 수단이자 방법이다.

가령 스피치 전문가가 되고 싶은 사람이 있다고 하자. 아나운서 경력이 10년이나 20년 정도 있다면 충분히 스피치 전문가가 될 수 있다. 하지만 아나운서가 아니라면 어떻게 해야 할까?

가장 좋은 방법은 스피치 학원에 다니는 것과 스피치 관련 책을 100권 정도 읽는 것이다. 어느 쪽이 더 좋을지는 따져봐야 한다. 하지만 학원에만 다니고 책을 읽지 않으면 곤란하다. 반대로 학원을 다니지 않아도 스피치 관련 책을 엄청나게 많이 읽은 사람은 스피치 전문가가 될 수 있다.

스피치에 대한 책을 많이 읽은 사람은 스피치에 대한 책 한두 권은 쉽게 쓸 수 있기 때문이다. 이는 굉장히 중요한 사실이다. 스피치 학원에 다닌 사람은 스피치 기술이 급속도로 향상될 수 있다. 하지만 책을 쓰기에는 부족하다. 하지만 책을 많이 읽은 사람은 그렇지 않다. 한두 권의 책을 쓰는 것이 충분히 가능하다.

바로 여기에 독서의 유익함이 숨어 있다. 그런 점에서 전문가가 되는 가장 좋은 방법은 독서다. 그런데 문제가 있다. 책을 잘 읽는 기술, 책을 빨리 읽는 기술, 책을 제대로 소화시키는 능력이 부족한 사람은 독서 자체가 힘들고, 어렵게 독서를 해도 성과가 나지 않는다. 그래서 독서력은 매우 중요한 기술이고 능력이다.

이 시대에 전문가가 되기 위해서는, 가장 먼저 배우고 익혀야 하는 것이 독서법인지도 모른다. 독서법을 제대로 배우고 익혀야 자기 전공 분야의 많은 책을 마음껏 독파할 수 있다. 전문가도 각각 수준이 다르다. 전문 분야의 책을 5000권 독파한 전문가와 겨우 1000권밖에 독파하지 못한 전문가는 확실히 다르다. 연봉도 다르고, 대우도 다르고, 인정받는 정도도 다를 수밖에 없다.

독서법도 바이올린 연주처럼 배워야 잘할 수 있는 것이다. 글자를 읽을 수 있다고 해서 독서를 배우지 않는 사람은, 손가락을 튕길 수 있다고 해서 바이올린 연주법을 배우지도 않고 그냥 줄을 튕기는 것과 같다.

"

독서를 매일 하는 사람,
많이 하는 사람은 책을 통해
매일 지혜를 쌓게 되고, 일과 사람,
세상을 꿰뚫어보는 통찰력을 얻게 된다.

그런 지혜와 통찰력, 빠른 사고력과
판단력은 성공에 꼭 필요한 요소이다.

"

제 4 장

나는 어떻게 책을 읽었을까?

독서의 방법에 대하여

독서법을 약간만 바꾸어도 독서를 좀더 많이 깊게 할 수 있을 뿐만 아니라, 의식과 사고가 향상될 수 있다. 의식과 사고가 향상되면 인생이 달라지는 것은 시간문제다. 그런데 왜 사람들은 독서법을 바꿔보려고 시도조차 하지 않는 것일까? 인간의 본능 때문이다. 인간은 쉽고 편한 것을 좋아한다.　　　　　—『1시간에 1권 퀀텀 독서법』

독   서
무 능 력 자 를
구해준 독서법

"나는 책을 어떻게 읽었을까?" "처음부터 독서를 잘했을까?"

솔직하게 얘기하면, 나는 처음에는 독서를 정말 못했다. 두꺼운 책 한 권을 읽는 데 3주나 걸렸다. 왜 3주가 걸렸을까? 오늘 몇 페이지를 정독하고 나서 내일 아침이 되면 앞부분이 생각이 나지 않았다. 그래서 다시 처음부터 읽고 또 읽고 했던 것이다. 그런데도 3주 후에 책을 다 읽고 마지막 장을 넘기면 머릿속에 남은 것이 하나도 없었다.

그 당시에는 뭔가 심각한 문제가 있는 게 아닌가 하고 생각했다. 그런데 이제는 어느 정도 알게 되었다. 그것은 평소에 독서를 하지 않은, 독서력이 빈약한 사람들에게 쉽게 나타나는 현상이라는 것을 말이다.

그렇다. 나는 도서관 생활을 시작할 때까지는 독서를 거의 하지 않는 사람이었다. 독서라는 것을 너무 쉽고 안일하게 생각을 했음을 고백한다. 그저 시간만 많으면 독서를 잘할 수 있고 많이 할 수 있다고 말이다.

하지만 시간이 많다고 해서 독서를 잘할 수 있는 것도 아니고, 잘할 수 있게 되는 것도 아님을 8개월이 지난 후에야 비로소 깨닫게 되었다.

독서 속도가 큰 문제였고, 나중에 보니 속도만이 문제가 아니었다. 이해력에도 큰 문제가 있다는 것을 알게 되었고, 그다음에는 기억하고 유지하는 것도 큰 문제라는 사실을 알게 되었다. 결국 독서의 세 가지 요소인 속도, 이해, 유지 모두 문제였던 것이다.

평소에 독서를 하지 않은 탓이었다. 그래서 독서의 기본 근육이 너무 빈약했다. 독서의 근육이 빈약한 사람들은 책을 읽어도 이해가 되지 않는다는 사실을 이때 처음 알았다. 그것이 가장 큰 문제다.

지식은 독립적으로 동떨어져서 생겨날 수 없다. 유기적인 성격이 있기 때문이다. 망망대해에 떠 있고 싶다면 하다못해 바위섬이라도 있어야 한다. 지식도 이와 다르지 않다. 이미 자신의 것이 된 지식이 존재해야, 그 지식을 토대로 새로운 지식이 새끼치기를 하면서 자신의 지식이 형성되고 확장되는 것이다.

그런데 지식이 적은 사람은 어떤 책을 읽어도 이해가 되지 않는다. 쉽게 말해, 초등학생이 대학교 교재를 읽으면 이해가 안 되지만, 대학생이 초등학교나 중학교의 책을 읽으면 쉽게 이해가 되는 것과 같은 이치다.

수준이 맞는 책을 읽어야 그 책이 온전히 이해가 된다는 것이다. 시중에 나와 있는 자기 계발서의 수준은 한마디로 천양지차다.

독서 무능력자였던 나를 구해준 독서법이 있다. 바로 초서 독서법이다.

책　　　읽　는
방법을 바꾸자
모　든　것　이
달　라　졌　다

―

　자전거도 어떻게 타는지 배워야 탈 수 있고 바이올린도 연주법을
제대로 배워야 잘 연주할 수 있는 것처럼, 독서법도 배우고 익혀야
한다는 사실을 얼마나 많은 사람들이 망각하고 있는 것일까? 글자
를 읽을 수 있다고 해서 독서를 잘할 수 있는 것은 결코 아니다.
　책 읽는 방법을 바꾸자 모든 것이 달라졌다. 정말 마법처럼 말이
다. 책 읽는 방법, 독서하는 방법은 매우 중요한 요소이자 조건이다.
방법이 달라지면 성과가 확연히 차이가 난다.
　초서법으로 책을 읽기 시작하자 갑자기 독서 천재가 된 것 같았
다. 왜 그랬을까? 기존의 독서법은 눈으로만 책을 읽기 때문에 부
분 뇌 독서였다. 하지만 초서 독서법은 뇌의 전 영역을 활성화하고
자극하고 훈련하는 전뇌 독서이다. 결국 독서는 눈이 아니라 뇌로
하는 것이라는 사실을 이때 깨달았다.

그리고 눈으로만 하는 독서는 전혀 유익하지 않다는 사실도 함께 깨달았다. 이때부터 나는 독서를 눈으로만 하지 않는다. 항상 볼펜과 노트를 가지고 독서를 한다.

무작정 독서를 하는 것은 의미가 없다. 그러면 얻는 것이 너무 적기 때문이다. 그래서 독서 습관이 중요한 것이 아니라 독서법이 중요한 것이다. 독서법이 강력할수록 독서를 통해 인생이 변화하는 정도도 차이가 크다.

지금까지 독서법에 별 관심이 없었던 독자라면 독서법을 한번 배워보기를 추천한다. 독서법을 바꾸면 독서의 수준이 순식간에 달라질 것이다.

내　인생
최　고　의
독　서　법

내 인생 최고의 독서법, 인생 독서법은 우리 선조들이 가장 먼저 오랫동안 실천해온 초서 독서법이다.

초서 독서법이 내가 책을 읽는 방법이고 독서 기술의 전부다. 나로 하여금 하루에 열 권씩 독파할 수 있게 해준 독서법이다.

많은 사람들이 초서 독서법은 노트에 필기를 하면서 독서를 하는 것이기 때문에 시간이 더 많이 걸릴 것이라고 생각한다. 하지만 그것은 추측에 불과하다. 실제로 적용해보면 초서 독서법으로 하루에 열 권을 읽을 수 있다는 것을 알 수 있다.

나는 초서 독서법으로 하루에 열 권을 읽었고, 나에게 초서 독서법을 배운 제자가 초서 독서법을 배우고 나서 생애 최초로 하루에 열 권의 책을 독파하게 되었다고 이야기한 것을 생생하게 기억한다. 그 제자는 지금 독서법 전문가가 되었다.

　　나와 나의 제자의 이야기만으로는 도저히 믿기 어렵다는 사람도 많을 것이다. 그렇다면 이 사람의 이야기를 들어보자. 초서 독서법으로 독서를 하면 하루에 열 권의 책을 독파할 수 있다고 주장한 사람이 있다. 그는 누구일까?

　　다산 정약용이다. 그는 편지에 이렇게 썼다. 초서로 독서를 하면 열흘 동안 백 권의 책을 다 읽을 뿐만 아니라 자기 것으로 소화하고 요약하고 정리까지 할 수 있다고.

　　초서 독서법은 내 인생 최고의 독서법이다. 초서 독서법에 대해 제대로 연구하여 알리는 책이 지금까지 단 한 권도 없었다는 사실이 놀라울 따름이다.

　　초서 독서법은 천재를 만드는 기적의 독서법이다. 초서 독서법에 대해서는 6장에서 다시 이야기하겠다.

다독이냐 소독이냐? 무엇이 더 중요할까? 많은 책을 대충 읽는 다독보다는 한 권이라도 제대로 읽고 소화시키는 것이 중요할까? 양의 독서와 질의 독서, 어느 것이 더 좋을까? 아니, 질문이 틀렸다.

우문이다. 하지만 현답을 하자면, 양의 독서와 질의 독서 모두 다 좋다. 하지만 거기에도 순서가 있다. 독서에도 반드시 순서가 있다.

양의 독서를 먼저 하고, 그다음에 질의 독서를 해야 한다. 많은 책을 읽어야만 우리의 좁은 견해와 한쪽으로 치우친 편견이 사라지고, 사고력이 향상되고 유연해진다. 그렇게 향상된 후에 질의 독서가 가능하다.

양의 독서를 무시한 채 질의 독서만을 강조해서는 안 된다. 그 이유는 두 가지다. 첫째, 양의 독서를 하지 않고서는 질의 독서를 온전히, 수준 높게 할 수 없기 때문이다. 둘째, 질의 독서는 평범한 사람들이 처음부터 쉽게 빨리 할 수 있는 독서가 아니기 때문이다.

대학교수나 하다못해 대학원생 수준이 되어야 비로소 논문을 쓸 수 있는 것처럼, 질의 독서는 그처럼 수준 높은 지력과 지식과 사고력이 필요하다. 그래서 질의 독서가 안 되는 대다수 일반인들은 양의 독서를 하는 편이 훨씬 낫다. 양이 결국 질을 이끈다는 사실을 나는 깨달았다.

양의 독서, 다독이 질의 독서, 소독을 이끌어야 한다. 다독을 하지 않고 평생 소독을 하는 사람이 천재라면 상관없다. 하지만 일반인이라면, 다독을 하지 않고 소독만을 추구하는 것은 바람직하지 못하다. 일반인이 소독으로 얻을 수 있는 성장은 미미하기 때문이다.

일반인은 질의 독서를 흉내만 낼 뿐 제대로 해낼 수 없다고 생각할 수 있다. 한 가지 주제로 논문을 쓰는 것과 같기 때문이다. 초등학생 수준의 독서가가 질의 독서를 하기 위해서는 그 책에 대해 논문을 쓰는 것처럼 계속해서 넓고 깊게 통찰하고 사고해야 하고, 그에 걸맞은 지식과 정보와 경험을 갖추어야 한다.

질의 독서에 자신 없는 일반인들이 쉽게 할 수 있고 효과를 볼 수 있는 독서는 다독, 양의 독서인 셈이다. 나 역시 수준이 낮았기 때문에 양의 독서를 했다. 이제는 여러 편의 논문을 쓰고도 남을 만큼 질의 독서도 할 수 있게 되었다. 내가 만약 회사를 그만두고 도서관 생활을 하자마자 질의 독서만 고집하고 한 권의 책만 읽었다면 어떻게 되었을까? 굉장히 위험했을 것이다. 공자의 말처럼, 공부도 하지 않고 생각만 하는 양상이 될 수 있기 때문이다.

다　독　은
독서의 기본이며
관　문　이　다

독서의 기본은 다독이다. 다독은 독서의 관문이다. 독서의 기본인 다독을 하지 않고 곧바로 슬로우 리딩을 한다는 것은 어불성설이다. 정독은 어떤가? 정확히 꼼꼼하게 한 번 읽는 독서가 정독이다.

나는 정독을 싫어한다. 정독은 천천히, 꼼꼼히, 정확하게 읽는 것을 의미한다. 하지만 열 시간을 투자해서 정독을 1회 하면, 한 시간만 지나도 머릿속에 남는 것이 많지 않고, 하루가 지나면 아무것도 남지 않는다. 그렇다면 정독을 1회 했다고 해서 그 책을 읽었다고 할 수 없다.

『군주론』을 한 번 정독한 사람이 많을 것이다. 자신이 『군주론』을 읽었다는 사실에 스스로 대견해하고 뿌듯해할지도 모른다. 하지만 머릿속에 하나도 남지 않았다면 그것이 실제로 읽은 것인가? 물론 전부 기억할 수는 없다. 하지만 뇌 속에 유지되는 독서가 따로 있다. 정독은 결코 뇌 속에 유지되는 독서가 아니다.

뇌가 망각하기에 가장 좋은 독서법, 가장 기억하기도 이해하기도 힘든 독서법이 정독인 것이다. 이것이 정독의 함정이다. 정독의 함정에 빠진 사람들은 지금까지 정독을 해왔기 때문에 변화와 성장이 거의 없었던 것이다.

우리 뇌는 꼼꼼히, 천천히, 한 번 읽기보다는 빠르게 통합적으로 여러 번 읽는 것을 좋아한다. 다독이라는 말을 오해해서는 안 된다. 많은 양의 책을 읽는 것도 다독이지만, 한 권의 책을 여러 번 읽는 것도 다독이다. 그래서 책은 한 번만 읽어서는 안 된다. 물론 한 번만 읽어도 충분한 책들도 많다. 하지만 우리를 바꾸는 책은 그런 책이 아니다. 여러 번 통달할 때까지 읽어야 할 책들이 대부분 우리를 성장시키고 변화시키는, 힘있는 책들이다. 책도 책 나름이다.

아무리 좋은 책이라도 한 번만 정독하면 얻고 배우는 것은 아주 미미하다. 하지만 그 책을 여러 번 통합적으로 반복해서 읽고 또 읽으면, 그 책에서 얻을 수 있는 것이 생각보다 훨씬 많다는 사실에 주목해야 한다.

수 평 독 서 와
수 직 독 서 를
병 행 하 다

가장 중요한 이야기를 하겠다. 나는 도서관에 가면 이렇게 독서를 한다. 먼저 수평 독서를 한다. 수평 독서는 도서관에 있는 수많은 책들을 골고루 많이 읽는 독서로, 보통 퀀텀 독서법으로 읽는다. 여러 번 빨리, 많이 읽을 수 있는 독서법이 퀀텀 독서법이기 때문이다.

수평 독서를 몇 시간 하고 나면 여러 권의 책을 독파하게 된다. 그러고 나서 독파한 책들 가운데 나에게 유익하고 도움이 되는 책을 선별해 수직 독서를 한다. 수직 독서는 한 권의 책을 깊이 파는 독서이다. 수직 독서를 할 때 사용하는 연장은 바로 초서 독서법이다.

초서 독서법으로 한 권의 책을 수십 번, 수백 번 깊게 파는 것이다. 초서 독서법이 결국 숙독법으로 이어진다. 숙독법은 조선시대 선비였던 이황과 이이의 독서법 중 한 가지다.

1만 권 독서를
실 천 하 는
일곱 가지 방법

"작가님은 직장도 안 다니고 하루종일 시간이 많았으니 1만 권 독서가 가능했겠죠, 저희 같은 직장인은 1만 권 독서가 불가능하지 않을까요?"

그렇다. 이런 생각을 하는 사람은 절대 1만 권 독서를 할 수 없다. 설사 시간이 많아진다 해도 불가능하다. 이 세상에는 백수 무직자들이 알게 모르게 많다. 특히 3년 정도 취업을 못해서, 혹은 하지 않아서 시간이 엄청나게 많은 이들이 적지 않다.

이 질문에 따르면, 시간이 많은 사람은 무조건 1만 권 독서가 가능하다는 것이고, 시간이 없는 사람은 불가능하다는 것이다.

물론 시간도 필요하지만, 사실 시간의 문제가 아니다. 1만 권 독서를 하기 위해 필요한 것은 시간이 아니라 자세다. 삶과 독서를 대하는 태도 말이다.

1년에 1000권을 읽는 사람은 10년이면 1만 권을 읽을 수 있다.

하루에 3권 읽는 것이 힘든 사람이 있다면, 하루에 한 권 읽기를 목표로 하면 된다.

1년에 365권 읽는 사람은 10년이면 3650권이 된다. 그 이후에는 조금 빨라진다고 가정하면, 20년에서 30년 동안 꾸준히 독서를 하면 1만 권 독서가 충분히 가능하다.

지금은 백세시대다. 길게 내다보면 30대가 되는 순간부터 하루에 한 권씩 읽으면, 60세가 되기 전에 1만 권 독서를 할 수 있다.

1만 권 독서를 목표로 독서를 하는 것은 자신을 드높일 수 있는 최고의 방법이다. 가장 나쁜 것은, 되는대로 적당히 독서를 하는 것이다. 적당히 대충대충 하는 것은 매우 나쁜 습관이다. 이렇게 독서를 하면 그 어떤 변화도 성장도 이룰 수 없기 때문이다.

왜 많은 사람들이 1만 권 독서를 이야기하면 혀를 차고 고개를 절레절레 저을까? 그것은 독서력이 턱없이 부족하기 때문이다. 잠깐 달리는 것은 기술이 없어도 가능하다. 하지만 마라톤을 완주하려면 반드시 기술이 필요하다. 독서도 마찬가지다. 독서의 기술, 독서법이 있어야 가능하다. 많은 사람들이 독서의 기술, 좋은 독서법이 없기 때문에 한 권을 독파하는 것이 매우 힘들고 무엇보다 시간이 많이 걸리는 것이다.

한 권을 읽는 데 많은 시간이 걸린다면 1만 권 독서가 아니라 독서 자체를 제대로 할 수 없다. 그래서 독서법을 배우는 것이 중요하다.

| 누구나 1만 권 독서를 실천할 수 있는 일곱 가지 방법 |

하나, 효과적이고 좋은 독서법을 배우고 익힌다. 독서법은 수영처럼 제대로 배우면 바다를 건널 수 있다. 독서법이 없는 사람은 책 한 권을 읽는 데 너무 많은 에너지와 시간이 필요하다. 개인적으로 추천하는 독서법은 퀀텀 독서법이다.

둘, 독서를 할 때 무작정 읽기보다는 시간을 정해놓고 읽는다. 이는 뇌 과학적으로 아주 좋은 방법이다. 훨씬 더 집중할 수 있고, 더 많은 것을 이해하고 배우게 된다.

셋, 한 권을 독파하는 시간을 항상 측정한다. 책을 그 자리에서 독파하는 습관을 들이고, 한 권을 독파하는 시간을 측정할수록 독파 시간이 짧아지는 것을 느끼게 될 것이다.

넷, 한 권의 책을 완벽하게 읽어야 한다는 생각을 버린다. 읽다가 재미없는 책은 빨리 놓는다. 그것이 마음 건강에 좋다. 그리고 자신에게 너무 어려운 책은 읽지 않는다. 재미도 없을 뿐만 아니라 독파한다 해도 남는 것이 없기 때문이다.

다섯, 자신의 수준에 맞는 책부터 읽는다. 이것이 굉장히 중요하다. 자신의 수준에 맞는 책부터 많이 읽는 것이 기본 순서다. 어려운 책은 절대 금물이다. 자신의 수준이 기준이 되어야 한다. 남이 추천한 어려운 책은 읽지 마라.

여섯, 자신이 좋아하는 분야, 좋아하는 책부터 읽는다. 독서의 즐거움과 기쁨이 없다면 1만 권 독서는 불가능하고, 한다 해도 그 의미와 이유가 없다. 자신의 즐거움과 기쁨을 위한 독서가 먼저다.

일곱, 매일매일 반드시 독서를 한다고 마음먹고, 밥은 굶어도 독서는 굶지 않는다. 한 번 밀리면 끝장이다. 매일매일 하루라도 독서를 하지 않는 날이 없도록 계획을 세우고 각오를 다져라. 하루 독서를 하지 않았다면 그것으로 끝이라고 생각해라. 독서는 결코 만만한 것이 아니다. 그것도 인생을 바꾸는 독서라면 말이다.

제5장

독서의 양과 질이 인생의 격과 질을 결정한다

—

독서의 수준에 대하여

단순히 교양을 쌓기 위해, 남는 시간을 때우기 위해, 흐리멍덩한 정신 상태로 느긋하게 하는 책 읽기는 인생을 좀먹는 낭비이며, 가장 나쁜 습관이다.
— 헤르만 헤세

독서의 양과 질보다 두께가 더 중요하다

독서는 양과 질 모두가 중요하다. 독서의 양이 되지만 질적 수준이 안 되는 독서가와 독서의 질이 되지만 양적 수준이 안 되는 독서가가 있다면 어떻겠는가?

전자의 독서가는 존재하기 힘들다. 양의 독서가 된 사람은 어느 정도 질의 독서가 가능하지만, 질의 독서가 된다고 해서 양적 독서가 이내 가능하지는 않기 때문이다.

한 권의 책을 읽어도 제대로 읽어야 한다는 것은 맞는 말이지만 한 권의 책만 제대로 읽은 사람은 문제가 있다. 그것은 독서가의 바람직한 자세가 아니기 때문이다.

여기서 문제는 제대로 읽는다는 것의 판단 기준이다. 과연 제대로 읽는다는 것은 뭘까? 한 권의 책을 전부 달달 암기한다는 의미는 아니다. 책의 내용을 충분히 숙지할 뿐만 아니라 아주 간단하게 설명할 수 있다면 그 책을 읽었다고 할 수 있다.

즉 그 책을 읽지 않은 사람에게 그 책이 어떤 책인지, 그 책의 핵심 주제를 한마디로 쉽게 명확하게 설명할 수 있는 사람이라면 그 책을 읽었다고 할 수 있다. 물론 몇 년 전에 읽은 책은 기억이 나지 않는 것이 정상이다. 인간의 기억력은 그렇게 대단하지 않기 때문이다.

하지만 며칠 전에 읽은 책, 혹은 몇 달 전에 읽은 책에 대해서는 충분히 이야기할 수 있어야 한다. 한 권의 책만 제대로 읽지 말고, 많은 책을 제대로 읽는 다독, 양의 독서는 중요하다. 양의 독서가 된 사람만이 비로소 질의 독서를 할 수 있다.

질의 독서는 시간과 상관없다. 독서가의 독서량과 경험과 관련 있다. 독서의 수준을 평가하는 것은 독서의 양과 질뿐만 아니라 독서의 두께라고 앞에서 말했다. 독서의 두께는, 독서를 통해 스스로 만들어낸 자기만의 견해와 생각, 지식과 정보이다.

독서의 두께가 없는 독서가들은 아무리 많은 양의 독서를 해도 인생이 달라지지 않는다. 결국 인생을 바꾸는 독서의 요소는, 양도 질도 아닌 두께이기 때문이다. 독서의 두께는 양과 질 모두가 갖추어졌을 때 독자의 사고 기간과 충분한 숙성 기간을 통해 형성된다.

독서의 두께가 없는 사람은 하루에 100권, 1000권을 읽어도 헛된 독서임을 언급했다. 우리 선조들은 독서의 두께가 두꺼웠다. 하지만 후손들은 진정한 독서가라고 할 수 있는 사람이 많지 않다. 독서를 단순히 지식과 정보의 확장 도구로, 출세의 수단으로 여기기 때문이고, 독서의 두께가 너무 얇기 때문이다.

진정한 독서가라면 독서의 양과 질, 그리고 무엇보다 두께가 두꺼워야 한다. 다독과 깊은 사색을 통해 자기만의 견해와 생각, 자기만의 의식과 지식을 쌓은 사람이 진정한 독서가다. 그런 점에서 책 속에 있는 타인의 지식만을 열심히 암기하고, 그것을 수동적으로 따르기만 하는 사람은 학자는 될 수는 있어도 진정한 독서가라고 할 수는 없다.

진정한 독서가는 자기만의 견해와 생각, 자기만의 의식과 지식을 가진 사람이기 때문이다. 즉 독서의 양과 질과 함께 두께까지 갖추고 있는 사람이다.

독서 습관보다
독 서 법 이
더 중요하다

많은 이들이 말한다. 독서 습관이 하버드 대학교 졸업장보다 더 중
요하다고 빌 게이츠가 말했다고. 하지만 대학교 졸업장보다 더 중요
한 것은 독서하는 습관이 아니다. 정작 중요한 것은 독서법이다.

독서법이 왜 중요할까?

효과적인 독서법이 몸에 배지 않으면 독서를 아무리 많이 해도
정보 처리 능력이나 기술이 부족해서 피가 되고 살이 되는 독서를
할 수 없기 때문이다. 독서 습관보다 독서법이 더 중요하다는 것을
증명하는 여러 인물들이 있다. 세종대왕, 모택동, 다산 정약용, 존
스튜어트 밀 등이 대표적이다.

세종대왕은 식사할 때도 양쪽에 책을 펼쳐놓고 독서를 했고, 일
과가 끝난 후 한밤중에도 독서를 했다. 이런 독서 습관보다 더 중요
한 것은 세종대왕만의 남다른 독서법인 '백독백습百讀百習'이라는 독

서법이었다.

모택동도 이와 비슷한, 남다른 독서법을 가지고 있었다. 그의 독서법은 바로 '삼복사온三復四溫' 독서법이다. 그리고 여기에 '4다' 원칙을 준수했다. 다독, 다사, 다상, 다문이 그것이다. 많이 읽고, 많이 베껴 쓰고, 많이 생각하고, 많이 질문하는 것이다.

다산 정약용 선생의 독서법은 더 놀랍다. 다산 정약용 선생이 누구인가? 18년 유배 기간 동안 집필한 책이 무려 500여 권이다. 그 누가 이렇게 할 수 있을까? 18년 동안 500권을 썼다는 것은 1년에 28권을 집필했다는 의미이다. 한 달에 두 권 이상의 책을 집필한 것이다. 과연 다산은 어떻게 집필의 신이 될 수 있었을까? 그 비결은 바로 그가 실천한 남다른 독서법 덕분이다.

그가 실천한 독서법이 바로 나를 벼랑에서 구한 초서 독서법이다. 초서 독서법으로 독서를 하면, 100권의 책도 열흘이면 읽을 수 있고 자기 것으로 삼을 수 있다고 그는 분명하게 이야기한다.

다산 선생이 초서 독서법으로 독서를 하지 않았다고, 그저 평범하게 눈으로만 읽는 독서를 했다고 가정해보자. 그랬다면 아마도 지금 우리가 알고 있는 다산 정약용 선생은 탄생하지 않았을 것이라고 나는 확신한다. 왜 그렇게 자신하느냐 하면, 내가 초서 독서법의 위력을 직접 경험했기 때문이다.

모택동도 남다른 독서법이 없었다면 중국의 근현대 역사가 바뀌었을 것이고, 세종대왕이 백독백습이라는 남다른 독서법을 사용하지 않았다면 한글이 창제되지 않았을지도 모른다고 감히 생각해본다.

이　해　도
중요하지만
속　도　는
더 중요하다

지식 정보 시대를 넘어 이제는 정보 과잉의 시대다. 하루에도 수백 권의 책이 출간되고, 엄청난 양의 논문과 신문 기사, 잡지와 일반 도서가 간행된다. 한마디로 어마어마한 양의 텍스트 정보가 쏟아져 나온다. 이런 시대에 아직도 이해 중심의 정독만을 주장하고 고집할 것인가?

정보 처리 능력을 극대화하는 것이, 이 시대에 성공하고 남보다 앞서기 위해 반드시 필요하다고 말하는 이들이 적지 않다. 학교 공부도 정보 처리 능력이 뛰어난 이들이 잘할 수 있고, 직장에서도 정보 처리 능력이 뛰어난 직원이 일도 잘하고 승진도 빠르다.

회사를 경영하는 대표나 CEO도 마찬가지다. 정보 처리 능력이 뛰어날수록 회사 운영을 잘한다. 세상을 내다보는 통찰력이 뛰어나고, 사람과 일, 세상에 대한 판단력과 이해력이 높기 때문이다.

아는 만큼 보인다. 그리고 보이는 만큼 세상을 살아갈 수 있다. 정보 처리 능력을 극대화하기 위해 가장 필요한 것은, 짧은 시간에 받아들이고 이해할 수 있는 정보의 양이다.

다시 말해, 정보 처리 능력이 좋은 사람일수록 같은 시간에 받아들이는 정보의 양이 많다. 그리고 정보의 양은 결국 독서 속도에 좌우된다. 그렇다고 해서 독서 속도를 10배 혹은 20배 향상시키는 기존의 속독법을 이야기하는 것이 아니다.

너무 빠르게 읽어도 이해하지 못하고, 너무 느리게 읽어도 문제는 마찬가지다. 나는 여러분의 독서 속도보다 2배 혹은 3배의 속도를 추천한다. 자신의 평소 속도보다 2배 혹은 3배 빨리 읽을 수 있고, 이전 수준만큼 이해할 수 있다면 가장 이상적이다.

김병완칼리지에서 강조하는 것이 바로 '속도+이해+유지', 즉 통합적인 독서력 향상이다. 속도가 너무 느리면서 이해만 강조하는 것도 바람직하지 않다. 그렇다고 이해도 되지 않으면서 속도만 10배 이상 올리는 것도 바람직하지 않다.

퀀텀 독서법 수업에 대학원생이나 법학 전문 대학원을 준비하는 학생들이 많이 오는 이유가 바로 이것이다. 법학 전문 대학원을 준비하려면 긴 지문을 빨리 읽을 수 있어야 하고, 그것을 제대로 이해할 수 있어야 한다. 이럴 때 가장 좋은 독서법이 퀀텀 독서법이다.

무조건 빨리 읽는 것이 아니라, 빠르고 정확하게 이해하는 것이 중요하다. 대학원생들이 오는 이유도 동일하다. 전공 서적을 빠르고 정확히 이해하는 데 퀀텀 독서법이 매우 효과적이기 때문이다. 이해만 강조해서 속도가 너무 느린 것이 가장 큰 문제다. 그것은 정보 처리 능력이 매우 낮은 상태로 평생 독서를 하는 것과 다름없다.

많은 것을 변화시키고 싶다면 많은 것을 빨리 받아들여야 한다. 제대로 이해하면서 독서 속도를 두 배, 세 배 더 높이는 것이 최선의 독서력 향상 목표이고, 퀀텀 독서법이 추구하는 바이다.

많은 사람들이 오해하는 것 중 하나는, 속도가 빨라지면 이해력이 떨어질 것이라는 오해다. 이는 정말 오해다. 아니 착각이다. 속도가 빨라지면 이해가 더 잘되어야 하고, 실제로 그렇다. 오히려 속도가 느릴수록 이해력이 떨어진다.

그래서 한 권의 책을 읽어도 제대로 이해하지 못하는 사람들이 적지 않다. 천천히 읽으면 착각에 빠질 수 있다. 자신이 이해를 하고 있다고 말이다. 하지만 그것은 정말 큰 착각이다.

대한민국 국민들의 평균 독서 속도는 분당 700~800글자다. 그런데 분당 2000글자에서 3000글자 정도가 가장 이해가 잘되는, 가장 좋은 속도다. 왜일까? 한 시간에 한 권을 읽을 수 있는 속도이면서, 집중력도 가장 좋아지는 속도이기 때문이다.

아무리 이해를 잘한다 해도 기존 속도는 독서로 인생을 바꿀 수는 없는 저속이라는 점을 알아야 한다. 그렇기 때문에 속도를 무시해서는 안 된다. 그렇다고 3분이나 5분에 책 한 권을 읽는 속도는 절대 추천하지 않는다. 이것은 지나치게 빠른 속도다. 내가 속도를 강조한 이유는 대한민국 국민들의 독서 속도가 평균 속도보다 한참 느리기 때문이다. 그뿐이다. 오해해서는 안 된다.

1만 권을 읽은
사   람   과
100권을 읽은
사람은 다르다

쉽게 생각해보자. 내가 회사를 그만두고, 직장도 다니지 않고, 하루 종일 책만 보는 1000일 독서를 실천할 때, 100권만 선택해서 집중적으로 읽고 또 읽었다면 어떻게 되었을까?

지금처럼 베스트셀러 작가가 될 수 있었을까? 100권만 집중적으로 제대로 이해하며 철저하게 읽었다면 지금처럼 효과적이고 획기적인 뇌 과학 기반의 독서법인 퀀텀 독서법을 창안할 수 있었을까? 3년간 도서관 생활을 하면서 그 기간 동안 100권의 책만 슬로우 리딩을 했다면 지금처럼 성공할 수 있었을까?

나는 이 질문에 확실히 대답할 수 있다. 절대 지금처럼 성공할 수 없었을 것이다.

많이 읽은 만큼 많이 보인다. 그리고 많이 보이는 만큼 세상을 잘 살아갈 수 있다. 독서는 정직한 행위다. 누가 대신해줄 수 없다.

100권 읽고서 1000권 읽은 척을 할 수는 있지만, 100권 읽은 것과 1000권 읽은 것은 명백하게 다르다.

소크라테스의 말처럼, 남의 책을 많이 읽어야 하는 이유는 남이 고생하여 얻은 지식을 아주 쉽게 내 것으로 만들 수 있기 때문이다. 그리고 그것으로 자기 발전을 쉽게 이룰 수 있다.

다독의 중요성을 강조한 다산은 좋은 책을 많이 읽어야 한다고 두 아들에게 강조하고 또 강조했다.

"폐족일수록 좋은 책을 많이 읽어야 한다. 옷소매가 길어야 춤을 잘 추고 돈이 많아야 장사를 잘하듯, 머릿속에 5000권 이상이 들어 있어야 세상을 제대로 꿰뚫어보고 지혜롭게 판단할 수 있다."

머릿속에 5000권이 있는 경영자와 500권밖에 없는 경영자가 있다면 누가 더 경영을 잘할까? 세상은 정직하고 정확하다. 물론 절대적으로 평가할 수는 없겠지만, 객관적으로 볼 때 독서량이 곧 삶의 질과 격의 수준이 된다.

'김병완칼리지'라는 책 쓰기 학교와 독서법 학교를 2015년 1월에 정식으로 시작하여, 이제 4년차를 맞이하고 있다. 이런저런 위기도 많았고, 힘들 때도 많았고, 시련도 고난도 많았다.

하지만 회사를 경영하면서 이런 생각을 해본다. 내가 1만 권 독서를 하지 않았다면 그 많은 위기 상황에서 1년도 채 버티지 못하고 폐업을 했을 것이라고 말이다. 1만 권 독서를 했다고 해서 완벽한 것은 아니다. 인간이기에 실수도 하고 실패도 한다. 하지만 그럼에도 1만 권 독서를 했기 때문에 지금 김병완칼리지를 독서법 학교로 명성을 얻을 만큼 키울 수 있었다고 생각한다.

1만 권 독서를 했다고 겉으로 티가 나는 것도 아니고, 누군가에게 자랑할 자격증이나 졸업장 같은 것이 생기는 것도 아니다. 누군가에게 읽힐 수 있는 책이 뚝딱 나오는 것도 아니다. 하지만 1만 권 독서를 하고 나면 자기 자신은 안다. 자신의 사고력과 통찰력과 판단력이 달라졌다는 것을.

그리고 그렇게 해서 달라진 사고력과 판단력과 통찰력은 남에게 쉽게 보이지는 않지만 삶의 중요한 결정을 할 때, 회사를 운영할 때, 공부를 할 때, 연구를 할 때, 회사 업무를 볼 때, 특히 책을 쓰거나 강의를 준비할 때, 그리고 실제로 강의를 할 때 알게 모르게 엄청난 위력을 발휘한다.

1만 권 독서를 한다는 것은, 인생을 살아가는 데 가장 중요한 것들을 준비하는 것이다. 여러분은 백세 인생을 살아가야 한다. 긴 인생을 잘 살아내는 데 든든한 힘이 되어줄 것은, 대학교 졸업장이 아니라 1만 권 독서다.

어 떤 책 을
어떻게 읽어야 할지
모르는 사람들에게

어떤 책을 읽는 것이 좋을까? 어떻게 읽으면 좋을까? 많은 사람들이 가장 궁금해하는 질문이다.

먼저 어떤 책을 읽는 것이 좋을까? 독서 전문가가 추천하는 책은 시간과 에너지 소모를 줄일 수 있기 때문에 나쁘지 않다. 하지만 추천 도서 중에서 자신의 지식수준이나 독서력과 너무 동떨어져 있는 책은 일단 제쳐두는 것이 좋다.

도서관에 직접 가면 너무 많은 책이 있기 때문에 자신에게 정말 유익한 책은 한 권도 읽지 못한 채, 유익하지 않은 책들만 하루종일 들춰보며 하루를 보낼 수도 있다. 그러고 나면 오히려 짜증이 날 것이다. 짜증이 나는 것으로 끝나는 것이 아니라 그 하루를 낭비했다는 점에서 더 큰 손해라고 할 수 있다.

이처럼 어떤 책을 읽을지 잘 선별하고 선택하는 것은 굉장히 중요하다. 하지만 처음부터 이런 능력이 생기는 것은 아니다.

이것도 도서관에서 수많은 책을 독파하고 섭렵해봐야 터득할 수 있는 능력이라고 할 수 있다. 그렇기 때문에 첫술에 배부를 수 없다. 먼저 누군가가 추천해주는 책들을 위주로 그 책이 자신에게 적합한 책인지 살펴야 한다. 자신의 수준과 독서 경험과 잘 맞아야 더 큰 유익을 얻게 되고, 독서의 즐거움을 누릴 수 있다.

어떤 책을 읽어야 할지 고민하기보다는 도서관에 가서 많은 책을 읽어보는 것이 더 현명한 방법이다. 그 많은 책들을 무조건 다 읽을 수는 없다. 많은 책을 보면서 3분에서 5분 안에 자신에게 유익한 책인지 아닌지 선별하는 방법과 기술을 익혀야 한다.

도움이 될 만한 팁은 이런 것이 있다.

첫째, 제목과 차례를 빠르게 훑어보며 흥미로운 책인지 아닌지를 판단한다.

둘째, 서문과 첫 페이지를 빠르게 여러 번 읽어보고 자신에게 유익한 책인지 아닌지를 예측해본다.

셋째, 여기까지 마음에 든다면 일단 책의 앞부분 세 페이지를 읽어본다. 너무 천천히 꼼꼼하게 읽을 필요는 없다. 빠르게 여러 번 읽는 것이 중요하다.

넷째, 여기까지 읽었는데 생각과 달리 재미도 없고, 흥미를 끌지도 못하고, 자신과 수준이 맞지 않는다면 책을 도로 꽂아놓으면 된다. 반대로 읽을수록 재미가 있고, 뭔지 모르지만 자신에게 유익하게 느껴지고, 자신의 편견과 고정관념을 거침없이 부수어주는 책이라면 누가 뭐라 하든 읽어 내려가면 된다. 그것도 빨리, 여러 번 말이다.

책을 많이 읽은 사람은 이 책이 자신에게 유익한 책인지 아닌지를 단번에 간파할 수 있다. 독서력은 저절로 생기는 것이 아니다. 어떤 책을 읽으면 좋은지도 단번에 알게 된다. 이것이 독서를 오래, 많이 한 독서가들이 쌓은 무시 못할 내공이다.

그렇다면 어떻게 읽어야 할까?

무조건 정독을 고집하는 사람들이 있다. 하지만 나는 정독은 추천하지 않는다. 정독의 함정이라는 것을 아는가? 정독은 천천히 꼼꼼하게 읽는 방법으로, 누구에게나 최고의 방법인 것처럼 느껴진다. 정독을 하는 것은 누구라도 배울 필요도 없이 그냥 하면 된다. 문제는 여기서 발생한다.

책을 천천히, 꼼꼼하게 충분히 이해가 될 정도의 속도로 읽으면 그것이 정독이다. 말은 굉장히 좋은 것 같다. 하지만 실제로 해보면 현실은 어떤가?

한 권의 책을 제대로 독파하려면 너무 많은 시간이 걸린다. 그 긴 시간을 이겨낼 수 있을 만큼 집중력이 뛰어난 사람은 별로 없고, 있다 해도 시간이 그렇게 넉넉한 사람 또한 많지 않다. 시간이 많은 사람도 책 한 권을 읽는 데 오랜 시간이 걸린다면 이내 독서의 기쁨이 사라져버리고 독서는 의무가 되어버린다. 결국 독서가 하기 싫은 일 중 우선순위에 제일 먼저 오를지도 모른다.

정독을 주장하는 사람들은 다른 말로 현실적으로 독서를 많이 하지 못하는 사람들이다. 한 권의 책을 읽었다고 할 수 있을 정도로 충분히 이해한 정도가 어느 정도일까?

정독을 하는 사람들은 책의 10분의 1을 오늘 읽고 그 부분만 이해한다. 그리고 며칠 후에 그다음 부분부터 10분의 2를 읽고 그 부분만 이해한다. 앞부분이 생각이 나지 않아도 그 부분만 읽고 이해한다. 그렇게 열 번을 반복하면서 드디어 마지막 10분의 1을 읽고 이해한다. 하지만 앞에서 읽었던 책의 10분의 9는 전혀 생각나지 않는 채 부분적인 이해만 하고 나서 책을 다 읽었다고 기뻐하고 즐거워한다.

머릿속에 남는 것은 파편 같은 이해일 뿐이다. 그리고 이것마저도 제대로 남지 않는다. 이런 독서를 하고서 한 권의 책을 온전하게, 전체적으로 이해했다고 할 수는 없지 않을까?

빠르게 여러 번 읽는 것이 현실적으로는 훨씬 더 좋은 독서법이다. 하지만 빠르게 여러 번 읽기 위해서는 그에 맞는, 좀더 나은 독서법을 배우고 익혀야 한다. 그래서 많은 사람들이 제대로 독서를 하기가 힘든 것이다. 그렇다고 속독을 권하는 것은 절대 아니다.

책을 어떻게 읽어야 할지 모르는 사람들은 일단 자신의 독서력을 검증해봐야 한다. 독서 속도는 어느 정도이고, 독서 이해력은 어느 수준이고, 독서 기억력은 얼마나 되는지를 말이다. 그리고 나서 자신의 수준에 맞는 독서법을 찾아 배우고 익히고 연습해야 한다.

독서는 만만한 것이 절대 아니다. 저절로 잘할 수 있게 되는 것이 절대 아니다. 독서도 하나의 기술이기 때문이다. 그러므로 배우고 익히는 시간이 반드시 필요하다.

좋은 독서법 책을 찾아 읽고, 가능하면 독서법 수업에 참여해서 배워라. 돈을 아까워하지 말고 배우는 편이 낫다. 전문가에게 무언가를 배우는 것은, 돈보다 더 가치 있는 그 진가가 분명 있기 때문이다.

내 인생 최고로
눈 부 셨 던
천 일 독서 시간

> 도서관은 누구에게나 기적의 공간이다. 상처 입은 이들에게는 그 상처를 낫게 해주는 치유의 공간이며, 지옥과 같은 고통을 경험한 이들에게는 잠시나마 평화를 느끼게 해주는 작은 천국이다. 세상 속에 있지만 세상과 단절한 채로 존재할 수 있는 유일한 공간, 도서관! 나는 직장에서 도중하차한 후 도서관에 무임승차했고, 도서관은 나의 무임승차를 허락해주었다. 그리고 나는 도서관에서 기적을 만났다.　　　──『나는 도서관에서 기적을 만났다』

내 인생에서 가장 눈부시게 아름다웠던 기간이 있었다. 어떤 이들은 그 눈부시게 아름다운 기간이 지금일 거라고 생각한다.

하지만 내게 가장 눈부셨던 최고의 기간은 아이러니하게도 월급한푼 받지 못했던 백수, 무직자의 시기였다. 그 시기 동안 나는 마법 학교에 입학했던 것이다. 그 마법 학교는, 가진 것도 없고 이룬 것도 없고 내세울 것도 없는 사람들을 세상과의 경쟁에서 이길 수 있게 해주는 장소인 도서관이다.

도서관은 마법 학교다. 무능력자를 유능한 자로 탈바꿈시켜주고, 평범한 사람을 비범하게 바꾸어놓기 때문이다. 또 나약한 자를 강인한 자로 만들어준다.

천 일이라는 독서 기간을 누려본 사람이 몇 명이나 될까? '천 일 독서'를 한 사람이 과연 있을까? 천 일 독서는, 3년 동안 학교도 다니지 않고 직장도 다니지 않고 독서만 하는 것을 의미한다.

이런 천 일 독서를 한 사람이 우리나라에 몇 명 있다. 물론 독서의 대가들은 천 일 독서가 아니라 평생 독서를 지독하게 했을 것이다. 그럼에도 천 일 독서라고 할 만큼 3년이라는 기간 동안 집중적으로, 더 강력하게, 더 몰입하여 독서를 한 사람이 있다.

교보문고를 창립한 신용호 회장은 중학교 때 학교에 다닐 형편이 아니었고 건강도 좋지 못했다. 친구들은 중학교에 다니던 그때 그는 3년 동안 천 일 독서를 했다. 그 천 일 동안 엄청난 독서를 한 덕분에 세계에서 유일하게 교육 보험이라는 것을 탄생시켰고, 한국 사회의 정신적 지주와 같은 교보문고를 탄생시킨 것이다.

율곡 이이는 친모인 신사임당의 묘지에서 3년 동안 삼년상을 지내면서 엄청난 양의 독서를 했다. 이것도 천 일 독서다. 평생 살면서 이렇게 집중적으로 독서만 할 수 있다는 것은 정말 축복이다. 그 덕분에 율곡은 한국 역사에서 유일하게 아홉 번이나 장원급제를 한 천재가 되었다.

3년 동안 천 일 독서를 한 시간은 내게 인생 최고의 눈부신 기간이었고, 축복의 기간이었고, 특권을 오롯이 즐기고 누릴 수 있었던 시간이었다. 그 기간은 내가 평생 살면서 받은 가장 소중하고 큰 선물이었다. 도서관에서 보낸 3년, 천 일은 내 인생 최고의 선물이었다.

> 1만 권 독서를 한다는 것은,
> 인생을 살아가는 데
> 가장 중요한 것들을 준비하는 것이다.
>
> 여러분은 백세 인생을 살아가야 한다.
> 긴 인생을 잘 살아내는 데
> 든든한 힘이 되어줄 것은,
> 대학교 졸업장이 아니라
> 1만 권 독서다.

제 6 장

소개하고 싶은
독서법

—

독서법 책에 대하여

독서법은 자전거 타기와 다르지 않다. '글자를 읽고 이해할 수 있는 사람이라면 누구나 저절로 독서를 할 수 있다'고 너무 쉽게 생각해버리는 것이 가장 큰 문제다. 이렇게 독서를 너무 쉽게 여기기 때문에 평생 독서의 기술이나 독서력이 제자리걸음을 걷게 된다는 것을 아는 사람은 많지 않다. 오죽했으면 평생 115권의 책을 집필한 천재 괴테가 책 읽는 방법을 배우기 위해 80년이라는 세월을 바쳤지만 아직까지도 잘 배웠다고 할 수 없다고 말을 했겠는가?

　　　　　　　　　　　　　　　—『김병완의 초의식 독서법』

뇌 과학 중심의
전 뇌 독 서 법

독서에도 혁명이 필요하다

독서법은 정말 중요하다. 독서에도 이제 혁명이 필요하다. 그리고 독
서법에도 혁명이 필요하다. 독서법이 없는 사람과 좋은 독서법을 배
운 사람은 엄청난 차이가 난다. 혹자는 독서법이란 것이 왜 필요하
지? 하고 생각할지도 모른다. 독서법 없이도 책을 잘 읽는 사람이
존재할까?

　물론 독서법 없이도 책을 많이, 잘 읽는 사람이 존재할 수 있다.
하지만 그런 사람은 극소수다. 대부분의 사람들은 독서법을 배우지
않으면 독서력이 제자리걸음이다. 그렇기 때문에 평생 독서를 한다
해도 빈약한 독서력은 절대 향상되지 않는다. 이런 이유에서 독서
법은 매우 중요하다.

시중에 나와 있는 많은 독서법 책을 보면 대부분 작가 자신의 개인적인 독서 경험을 독서법이라는 제목으로 출간한 경우가 많다. 이는 엄밀하게 말하면 독서법이 아니라 작가 개인의 독서 경험담이고 독서 이야기다. 이런 책은 독서력을 획기적으로 향상시켜주는 독서법 책을 기대한 이들에게는 적합한 책이 아니다. 독서법 책을 찾는 독자들이 원하는 것은 누군가의 독서 경험이 아니기 때문이다. 그들이 원하는 것은 독서력을 향상시켜줄, 효과가 검증된 독서법이나 독서 스킬, 훈련법이다.

효과가 검증된 독서법이나 독서 스킬, 훈련법을 찾는 독자들에게 추천해주고 싶은 책은 바로 내가 쓴 독서법 책인 『1시간에 1권 퀀텀 독서법』이다.

책 제목이 왜 '퀀텀 독서법'일까? 퀀텀 독서법을 배우고 익히면 자신의 능력을 뛰어넘어 독서를 할 수 있게 된다고 해서 '초독'이라고 부르기 시작했고, 초독이라는 말을 영어로 옮긴 것이 '퀀텀 독서법'이다.

이 책에 소개된 15개의 퀀텀 리딩 스킬은 책상 위에서 이론적으로 만든 독서법과 독서 스킬이 아니다. 5년 동안 2000명에게 직접 독서법을 전수하고 가르치면서 꾸준히 발전시켜온 독서 스킬이다. 그리고 실제로 이들을 통해 효과가 검증되었다.

퀀텀 독서법이 효과적인 이유는 무엇일까?

왜 퀀텀 독서법 수업에 참여하면 단 3주 만에 독서력이 3배에서 60배가 향상되는 것일까?

그 이유는 퀀텀 독서법이 독서법에서 발전한 것이 아니라 태생이 전혀 다른 분야에서 시작되었기 때문이다. 그것은 바로 뇌 과학이다. 퀀텀 독서법이 효과가 뛰어난 이유는 뇌 과학이기 때문이다.

퀀텀 독서법은 눈으로 읽는 독서법에서 더 발전한, 뇌로 읽는 독서법이다. 뇌 과학 중심의 전뇌 독서법이라고 할 수 있다. 뇌의 공간지각 능력과 인지지각 능력을 극대화하는 훈련을 하고, 우뇌와 간상세포를 극대화하는 훈련을 한다. 또한 뇌의 몰입력과 주의 집중력을 극대화하는 훈련도 한다.

퀀텀 리딩 스킬이 15개나 되는 이유가 바로 여기에 있다. 뇌의 각 기능을 고르게 발전시켜 뇌의 능력, 뇌력을 발달시켜 독서를 잘하게 해주는 스킬들이다.

먼저 우리 눈에 대해 살펴볼 필요가 있다. 우리 눈의 망막에는 시세포가 있다. 두 종류의 시세포가 있는데, 하나는 초점을 맞추면서 의식적으로 보는 데 사용하고, 다른 하나는 주변 시야를 보거나 무의식적으로 사물을 보는 데 사용한다. 독서 천재들은 당연히 후자를 이용한다.

퀀텀 리딩 스킬은 사용하지 않았던 눈의 기능, 나아가 뇌의 기능을 자극하고 훈련해 활용할 수 있게 해주는 뇌 과학 중심의 전뇌 독서법이다.

눈이 아닌 뇌로 독서한다는 것에 대해 생각해보라. 우리는 눈에 보이는 것을 읽는 게 아니다. 뇌로 생각하는 것을 비로소 읽었다고 생각하는 것이다. 즉 뇌로 독서한다는 것이 더 바르고 정확한 표현이 아닐까?

독서의 본질은 눈이 아니라 뇌에 있다. 눈으로 지각하는 것이 아니라 뇌로 생각하는 것이다. 퀀텀 독서법이 처음부터 끝까지 뇌 강화 훈련, 뇌 훈련에 집중하는 이유가 바로 여기에 있다.

뇌는 수동 기어를 가지고 있는 스포츠카에 비유할 수 있다. 그런데 대부분의 사람들은 1단 기어를 넣고 힘들게 달리는 스포츠카와 비슷한 상황이다. 연료는 많이 들고 지치는데 속도는 전혀 낼 수 없다. 답답하고 짜증이 날 만하다. 그런데 많은 사람들이 1단 기어 상태에서 독서를 하고, 공부를 하고, 업무를 본다.

과연 이런 상태에서 독서가 잘되겠는가? 책만 펼치면 잠이 오지 않는가? 책 한 권을 읽는 것이 너무 부담스럽고 많은 시간이 걸리지 않는가? 힘들게 읽었다 해도 도통 이해가 되지 않고, 더 심각한 문제는 아무것도 머릿속에 남지 않는다는 것 아닌가?

그것은 우리 뇌가 1단 기어 상태이기 때문이다. 퀀텀 리딩 스킬은 이런 1단 기어 상태의 뇌를 2단 혹은 3단으로 올려놓는다. 그렇게 레벨 업이 된 뇌는 갑자기 독서 속도와 이해, 유지 등 모든 것이 달라지게 되는 것이다.

기존의 독서법과 퀀텀 리딩의 가장 큰 차이는 차원이다. 기존의 독서법은 순차적, 논리적, 직렬적 독서법이다. 즉 평면적인 독서법이다. 하지만 퀀텀 리딩은 2차원 평면이 아니라 3차원 입체적 독서법이다.

사실 우리의 뇌는 직렬 형태로 작동하지 않는다. 마인드맵처럼 동시 다발적으로, 입체적으로 작동한다. 그런데도 독서를 할 때 많은 사람들은 순차적, 논리적, 직렬적으로 한 글자씩 순서대로 읽는다. 바로 여기서 기존 독서법의 한계가 발생한다.
—『1시간에 1권 퀀텀 독서법』

뇌 과학에서 탄생한 퀀텀 리딩 스킬

퀀텀 독서법의 15가지 퀀텀 리딩 스킬 중에서 몇 가지만 간단히 살펴보자.

• 1단계 : 우뇌 자극 스킬

퀀텀 리딩 스킬 중에서 가장 간단한 훈련 스킬이 '1단계 우뇌 자극 스킬'이다. 매우 간단하지만, 그 효과는 엄청나다. 그것은 우리가 잘 사용하지 않는 우뇌 훈련이기 때문이다.

우뇌 자극 스킬은 우리가 독서를 할 때 보통 양쪽 눈으로 한다는 것을 뒤집는 훈련법이다. 아무도 한쪽 눈을 감고 독서를 하지 않는다. 나는 오래전부터 한국인들은 왜 좌뇌 중심의 독서를 하게 되었는지 궁금했다. 그것은 아마도 주입식 교육, 교육 방식, 시험 출제 유형 등 모든 것이 점점 더 좌뇌가 발달하게끔 영향을 주었기 때문이라고 생각한다.

이런 상황에서 공부를 하면서 뇌를 발달시키다보니, 독서도 좌뇌 중심의 독서를 하게 된 것이다.

나는 아무도 생각하지 않는, 간단하면서도 획기적인 독서 방법을 생각했다. 바로 양쪽 눈이 아니라 한쪽 눈으로만 독서를 해보는 것이다. 그리고 왼쪽 눈을 감았을 때와 오른쪽 눈을 감았을 때 전혀 다른 효과가 있다는 것도 고려해야 한다.

독서를 잘하기 위해서는 무엇보다 우뇌를 활성화시켜야 한다. 그렇다면 우뇌와 직접적으로 연결된 기관을 자극하고 훈련해야 한다. 그것이 무엇일까? 바로 왼쪽 눈이다.

물론 왼손, 왼발을 자주 사용하는 것도 우뇌 활성화에 도움이 된다. 정말이다. 나는 오른손잡이지만 왼손으로 마우스를 조작한다. 그렇게 하는 데는 깊은 뜻이 있다. 우연히 해본 뒤로 20년이 넘게 왼손으로만 마우스를 사용하게 되었다.

독서와 직접 연결되어 있으면서 우뇌를 자극하는 기관은 어디일까? 그렇다 왼쪽 눈이다. 결국 이렇게 탄생한 것이, 1단계 우뇌 자극 스킬 훈련이다.

오른쪽 눈을 의도적으로 감고 왼쪽 눈으로만 독서를 하는 훈련이다. 이렇게 독서를 하면 우뇌를 활성화시킨다는 과학적인 근거는 충분하다.

실제로 왼손을 자주 사용해도 우뇌가 활성화된다. 하물며 왼눈을 극대화시키면 당연히 우뇌가 극대화된다. 그 근거로 우뇌 자극 스킬 훈련을 하다보면 우뇌가 뜨거워지고 후끈거린다고 하는 이들도 많다.

우뇌 자극 스킬만으로도 집중력과 이해력이 굉장히 좋아진다는 수강생이 많다. 그 이유는, 우뇌가 좌뇌보다 훨씬 더 뛰어난 뇌이고, 지금까지 잘 사용하지 않았던 뇌이기 때문이기도 하다.

뇌 과학적으로 더 설명해보겠다.

우뇌와 좌뇌를 발견하고 연구해서 노벨상을 수상한 학자가 있다. 바로 로저 스페리 박사다. 그는 우뇌와 좌뇌가 나뉘어 있다는 것을 인류 최초로 밝혔고, 우뇌의 독서력, 정보처리 능력, 이해력, 저장 능력이 좌뇌보다 몇백 배에서 몇천 배 이상 높다는 것을 주장했다.

그의 논리를 보면, 좌뇌는 1차 평면이고 순차적, 논리적, 직렬적이고, 우뇌는 입체인 3차 도형이고, 입체적, 동시다발적, 병렬적이기 때문이라고 한다.

같은 크기의 주차장에 직렬로 1대씩 주차하는 것과, 같은 넓이에 10층 주차 타워를 만들어 층별로 주차하고 거기에 병렬로 여러 대를 주차하는 경우를 비교해보면, 전자는 5대를 주차할 수 있지만 후자는 250대를 주차할 수 있다.

바로 이런 원리로 우뇌가 좌뇌보다 독서에 훨씬 유리한 것이다.

• 2단계 : 시공간 자극 스킬

책을 45도나 90도로 기울여 읽는 사람은 아무도 없다. 하지만 뇌에 대해 공부하면 할수록 공간지각은 굉장히 중요한 뇌 활성화 조건이라는 것을 알 수 있다.

아무도 생각하지 않은 방법이지만, 책을 45도 정도 약간 기울인 채로 독서를 하면 어떻게 될까? 그저 책을 45도만 기울여도 책을 보는 시각의 느낌은 세상이 기울어진 것처럼 엄청나다. 더 중요한 사실은, 그렇게 독서를 하면 평소처럼 독서할 때와는 뇌의 활성화 상태가 매우 달라진다는 것이다.

45도로 책을 기울여서 10분 정도 읽어보라. 90도로 기울여서 읽어도 좋다. 그리고 더 익숙해지면 책을 아예 180도로 뒤집어 읽어도 좋다. 이렇게 책 읽는 환경을 의도적으로 바꾸면 어떻게 될까? 뇌에서 잠자고 있던 다양한 독서 인자를 깨울 수 있고, 독서 환경을 최악으로 만들어 뇌가 엄청난 자극을 받게 된다.

일본에는 독서 천재가 많고, 독서를 잘하는 사람이 많다. 그 이유 중 하나로 무시할 수 없는 것이, 일본 책들이 세로 읽기로 되어 있기 때문이라고 할 수 있다. 가로 읽기보다 세로 읽기는 독서 속도와 이해력에 큰 차이를 낳는다. 세로 읽기로 된 책을 읽을 때는 뇌의 활성화 상태가 다르고, 뇌에 자극을 주는 강도도 다르다.

• 5단계: 리딩 툴스 스킬

퀀텀 리딩 스킬 중에는 누구나 쉽게 바로 따라 할 수 있는 스킬이 있다. 그것이 바로 리딩 툴스 스킬이다. 지난 1년 사이에 퀀텀 리딩 스킬은 더 진화했고, 수업도 혁신을 거듭했다.

기존의 리딩 툴스 스킬은, 읽은 부분을 종이나 다른 물건으로 가리면서 아래로 빠르게 내리는 동시에 눈은 아래로 빠르게 읽어 내려가는 스킬이다.

리딩 툴스를 이용한 스킬은 학습이나 실무에 필요한 글을 읽을 때 곧바로 적용할 수 있다. 훈련할 시간이 부족한 독자들이 곧바로 적용할 수 있다.

여기서는 간단하게 몇 가지 스킬만 소개하는 것으로 만족해야 할 것 같다. 퀀텀 독서법에 관심이 있는 독자라면 이 책을 꼭 읽어보기 바란다. 하지만 읽어보기만 하는 것이 아니라 책에 나온 대로 직접 훈련을 하고 3주 동안 잘 실천하면 독서력이 획기적으로 향상될 것이다.

독서는 눈이 아니라 뇌로 하는 것이다

우리는 사물을 볼 때 두 가지 방식으로 본다. 그런데 책을 읽을 때는 이 두 가지 방식을 모두 활용하지 못하고 초점을 맞추어 의식적으로 보기만 한다. 하지만 독서 천재들은 나머지 방식인 무의식적으로 주변 시야를 보는 방법으로 독서를 한다.

바로 이 차이를 적극 활용하고 훈련해 독서를 잘하게 하는 것이 퀀텀 독서법이다. 그리고 뇌력을 강화시켜 독서를 잘할 수 있게 하는 전뇌 독서법이라는 점에 더 초점을 맞춰야 한다.

퀀텀 독서법은 뇌 과학이고, 퀀텀 독서법 훈련과 스킬은 인지 자극 훈련이다. 뇌의 각 부분을 고르게 훈련하고 뇌의 각 기능을 강화시켜주는 브레인 강화 훈련이다.

왜 독서법 훈련이 인지 자극 훈련이고, 심지어 브레인 강화 훈련일까? 독서의 핵심 기능을 좌우하는 것이 바로 뇌이기 때문이다. 독서의 본질은 보는 것이 아니다. 독서의 본질은 생각하는 것이다. 그래서 독서의 주인공은 뇌다.

독서는 해독이 아니라 생각이다. 즉 독서는 '디코딩decoding'이 아니라 '씽킹thinking'이다. 독서는 눈으로 하는 지각 과정이 아니라 뇌로 하는 사고 과정이다. 뇌로 이해하는 순간 눈으로 보이는 것이고 읽히는 것이다.

모든 것은 뇌에 달려 있다. 뇌가 모든 것을 결정한다. 뇌의 수준이 독서력의 수준을 결정한다. 그래서 생각의 속도가 독서의 속도가 되고, 생각의 수준이 독서의 이해력이 된다.

인간의 뇌는 처음부터 독서를 할 수 있는 뇌는 아니다. 하지만 태어나서 부단히 노력하고 배우고 익히면 독서를 할 수 있는 뇌가 된다. 하지만 게임을 좋아하고 매일 게임을 하는 사람의 뇌는 다시 게임 뇌가 된다. 독서 뇌와 상극인 것이 바로 게임 뇌다.

게임을 하고 있을 때 뇌를 살펴보면, 인간을 가장 인간답게 하는 전두엽이 전혀 활동하지 않는다는 것을 알 수 있다. 독서를 할 때는 그와 반대로 전두엽이 활발하게 활동한다.

우리 뇌는 뇌 가소성이라는 특징을 가지고 있다 그래서 평생 뇌 회로가 재편성되고 성장하고 변화한다. 특히 효과적인 인지 자극 훈련을 평생 하면 할수록 뇌는 더 성장하고 발전한다.

옛말에 "공부도 한때다. 늙으면 머리가 굳어 더이상 공부를 하고 싶어도 할 수 없다"라는 말이 있지만, 이 말은 틀린 말이라는 것이 뇌 과학 분야의 주장이다. 뇌 과학 분야에서는 뇌는 평생에 걸쳐 발전하고 성장한다고 주장하며, 이제는 누구나 이런 주장을 받아들이는 분위기다.

그렇다. 훌륭한 인지 자극 훈련을 계속하면 우리 뇌는 점점 더 활성화된다. 마찬가지로 독서를 잘하게 해주는 인지 자극 훈련을 반복하면 할수록 독서를 잘할 수 있다.

20년 동안 자전거를 탄 사람과 5년 동안 자전거 선수로 뛴 사람이 있다. 누가 더 자전거를 잘 탈까? 후자다. 효과적인 훈련법과 스킬을 전문가에게 제대로 배운 사람과 혼자서 취미로 독서를 하는 사람은 그 실력에서 너무도 큰 차이가 난다.

인간의 뇌는 특히 그렇다. 30년 동안 독서를 한 사람보다 3주간 제대로 된 독서법을 전문가에게 직접 배운 사람이 독서를 더 잘할 수 있다.

무엇보다 확실하게 이야기할 수 있는 것이 있다. 다독을 하고 싶은 독자에게는 퀀텀 독서법이 효과적인 독서법이라는 점이다.

퀀텀 독서법 수업을 들은 수강생 중에 특히 기억에 남는 분들이 있다. 첫번째는 법학 전문 대학원 시험을 준비하는 분들이고, 두번째가 어려운 전공 서적을 많이, 빨리 읽어야 하는 대학원생들이다.

이들은 왜 퀀텀 독서법 수업을 듣는 것일까? 이들이 퀀텀 독서법 수업에 참여하는 이유는 단 한 가지다. 긴 지문이나 어려운 전공 서적을 제대로 이해하면서 빨리 읽는 기술이 필요하기 때문이다. 그들이 퀀텀 독서법 수업을 듣고 소기의 목적을 달성하고 돌아가는 모습을 볼 때 퀀텀 독서법 창안자로서 보람을 느낀다.

초서 독서법에
대   한
최 초 의   책

우리 선조 중에서 가장 많은 책을 저술한 두 사람인 다산 정약
용과 혜강 최한기의 독서법. 그리고 교육도 제대로 받지 못한 가
난한 농부의 아들이었음에도 신중국을 건국한 중국의 국부 마오
쩌둥의 독서법을 살펴보면 독서 습관이나 독서의 양보다 더 중요
한 것이 효과적인 독서법이라는 사실을 알 수 있을 것이다.
―『김병완의 초의식 독서법』

천재를 만드는 기적의 독서법

초서 독서법은 단순히 책을 읽고 이해하는 단계에 머물지 않고, 책
의 내용에 대해 생각하고 판단할 뿐 아니라 그것을 적고 기록하는

과정, 자신의 생각과 주관의 변화에 대해서도 그 근원을 찾아 파헤치고 기록하고 성찰하는 독서법이다.

한마디로 초서 독서법에는 현대 교육학에서 강조하는 메타 인지 학습법과 장기 기억을 강화시키는 최고의 학습법인 인출 작업과 정교화 작업이 모두 포함되어 있다. 그래서 천재를 만들기에 부족함이 없는, 놀라운 기적의 독서법이 바로 초서 독서법이라고 주장하는 바이다. 여기서 그치는 것이 아니다. 실제로 초서 독서법을 통해 천재로 도약한 인물을 수도 없이 열거할 수 있다.

세종과 정조, 그리고 다산 정약용이 평생 실천한 독서법이 바로 초서 독서법과 의식 독서법이다. 이 두 가지를 합한 것이 바로 '초의식 독서법'이다.

누군가가 나에게 독서법 중에서 하나만 추천해달라고 한다면, 주저하지 않고 '초서 독서법'을 권할 것이다.

많은 사람들이 초서 독서법을 잘 모르거나 크게 오해하고 있다. 조선시대 최고의 지식인 중 한 명이었던 다산 정약용 선생이 평생을 실천하고 두 아들에게 그토록 강조했던 단 하나의 독서법인 초서 독서법을 오해하고 있는 사람들이, 일반인뿐만 아니라 독서법 전문가 중에서도 많다는 사실에 나는 경악을 금치 못했었다. 많은 사람들이 초서 독서법을 오해하고 있고, 제대로 알지 못한 채 '초서'라는 말만 보고 그저 베껴 쓰는 것이라고 속단한다.

그렇게 간단한 것을 다산 정약용 선생이 평생 실천했을까? 그리고 두 아들에게 그토록 강조하고 또 강조했을까? 결코 그렇지 않다.

초서 독서법은 간단한 독서법이 아니다. 오히려 실천하고 배우기에, 그리고 제대로 활용하기에 매우 어렵고 복잡한 독서법이다. 하지만 제대로 익히면 그 효과와 힘은 상상을 초월한다.

초서 독서법을 제대로 배우고 익히면 하루에 열 권의 책을 독파하고 자신의 것으로 삼을 수 있다. 거의 완벽하게 소화할 수 있다.

초서 독서법을 평생 동안 실천하고 독서에 접목시키는 사람은 누구나 천재로 도약할 수밖에 없다. 기적의 독서법이라고 해도 과언이 아니다. 평생 초서 독서법을 실천해서 천재가 된 사람이 누구일까? 세종과 정조, 다산 정약용 선생, 레오나르도 다빈치, 마키아벨리 등이 대표적인 인물이다. 그래서 초서 독서법은 천재를 만드는 기적의 독서법이라고 불린다.

우리가 가장 조심해야 하는 독서는 무엇일까? 그것은 그저 빨리 읽기만 하고 깊이 이해하지 못하는 '도능독徒能讀'이다. 글의 깊은 뜻을 알지 못한 채 읽기만 잘하는 것을 일컫는다. 우리 선조는 이런 독서 방법을 경계했다.

도능독과 같은 방식의 독서로는 절대로 인생을 바꿀 수 없다. 초서 독서법은 한 권의 책이라도 깊이 반복해 읽으면서 자신의 것으로 만드는 독서법이다. 초서 독서법으로는 충분히 인생을 바꿀 수 있다.

초서 독서법의 다섯 가지 효과

초서 독서법의 효과는 무엇일까? 초서 독서법은 뇌를 자극하고 활성화시키는 전뇌 독서법이다. 즉 퀀텀 독서법은 뇌로 읽는 전뇌 독서법이고 초서 독서법은 손으로 읽는 전뇌 독서법이다.

손으로 읽는 초서 독서법의 가장 큰 효과는 책의 내용을 훤히 꿰뚫을 수 있다는 것이다. 눈으로만 읽으면 부분적으로만 이해되고 기억도 나지 않지만, 손으로 직접 쓰면서 읽으면 중요한 내용이 머릿속에 각인된다. 이 과정을 통해 책의 전체 내용이 한 문장으로 요약되어 자신의 것이 된다.

초서 독서법은 기억과 유지에 굉장히 좋은 독서법이다. 눈으로만 읽은 것과 손으로 쓰면서 읽은 것은 뇌 과학적으로도 확실히 차이가 있다. 우리 몸에서도 손은 뇌와 가장 많이 연결된 부위다. 그래서 손은 외부에 나와 있는 뇌라고 할 수 있다.

초서 독서법은 무엇보다 손을 사용하는 독서법이기 때문에, 초서 독서법을 활용하면 뇌가 깨어나고 자극이 된다. 뇌를 활성화시키는 가장 좋은 방법은 손을 사용하는 것이다. 그래서 악기를 연주하면 머리가 좋아지는 것이다.

초서 독서법은 계속해서 생각하게 하는 사고 훈련을 시켜준다. 초서의 방법 중 하나의 과정이 판단하는 과정이다. 그러기 위해서는 책의 내용과 자신의 견해를 계속해서 저울질해야 한다. 이 과정이 생각하는 과정이다.

초서 독서법은 의식을 확장시켜준다. 그래서 새로운 견해를 확립하게 해준다. 기존의 독서법이 책의 내용을 수동적으로 이해하는 데 그쳤다면, 초서는 책의 내용을 뛰어넘어 자신의 새로운 견해를 확립하게 해주어 의식을 확장시켜준다.

초서 독서법의 다섯 단계

초서 독서법은 책을 읽고, 그 내용을 이해하고, 중요한 내용을 기록하는 단순한 독서법이 아니다. 그 이상이다.

초서 독서법은 '5가지 단계를 갖추고 있는, 매우 신중하게 계획된 심층 독서 훈련법'이다. 그 5단계는 무엇일까?

첫번째는 독서를 하기 전에 먼저 근본을 확립하는 단계다. 다산 선생은 다음과 같이 주장했다.

"독서를 하려면 반드시 먼저 근본을 확립해야 한다."

독서를 하기 전에는 사전 준비 단계가 필요하다. 이때 자신의 주관과 의견을 살피고 자신의 근본을 확립하는 단계가 있어야 한다. 나는 이것을 간단하게 '입지 단계'라고 한다.

두번째는 읽고 이해하면서 뜻을 찾는 단계다.

"독서는 뜻을 찾아야 한다. 만약 뜻을 찾지 못하고 이해하지 못했다면 비록 하루에 1000권의 책을 읽는다고 해도 그것은 담벼락을 보는 것과 같다."(『시경강의서』)

독서를 하면서 제대로 이해하고 뜻을 찾는 단계다. 보통 일반인들이 하는 독서를 말한다. 나는 이 단계를 '해독 단계'라고 한다.

세번째는, 읽은 내용을 널리 고찰하고 자세히 살펴 그 근원을 찾아내고, 거기서 그치거나 만족하는 것이 아니라 자신의 뜻과 비교해서 판단하고 취사선택하는 단계다.

"내가 몇 년 전부터 자못 독서할 줄 알았는데 헛되이 마구잡이로 읽으면 하루에 1000권, 100권을 읽어도 오히려 읽지 않음과 같다. 모름지기 독서란 한 글자라도 뜻을 이해하지 못하는 곳을 만나면 널리 고찰하고 자세히 살펴 그 근원을 찾아내야 한다."(『기유아』)

"초서의 방법은 먼저 자신의 생각을 정리한 후 어느 정도 정리가 되면, 그후에 그 생각을 기준으로 취할 것은 취하고 버릴 것은 버려야 취사선택이 가능하게 된다."(『두 아들에게 답함』)

자신의 생각을 기준으로 취할 것은 취하고 버릴 것은 버리는 단계가 바로 세번째 단계이다. 이 단계에서 책을 읽는 독자들은 많은 것을 생각하게 되고 사고하게 된다. 읽기만 하고 생각하지 않으면 위험하고, 생각만 하고 읽지 않는 것도 문제가 있다. 초서 독서법은 읽기와 생각하기를 모두 포함하는 놀라운 독서법이다.

네번째 단계가, 사고 단계인 세번째 단계 후에 비로소 선택하고 싶은 문장과 자신의 견해를 기록하는 단계다. 초서 독서법이 단순하게 기록하는 독서법이 아닌 이유는, 생각하고 깊게 사고하면서 취사선택하는 사고 과정이 3단계에 있기 때문이다.

"어느 정도 자신의 견해가 성립된 후 선택하고 싶은 문장과 견해를 뽑아 따로 필기를 해서 간추려놓아야 한다. 그런 식으로 한 권의 책을 읽더라도 자신의 공부에 도움이 되는 것은 뽑아서 적어 보관하고, 그렇지 않은 것은 재빨리 넘어가야 한다. 이런 방법으로 독서를 하면 100권의 책이라도 열흘이면 다 읽을 수 있고, 자신의 것으로 삼을 수 있다."(『두 아들에게 답함』)

이 단계가 바로 적고 기록하는 단계인 초서 단계다.

마지막 다섯번째 단계는 의식 확장 단계다. 이 단계는 기존의 그 어떤 독서법 과정도 훌쩍 뛰어넘는 심층 이해와, 현대 교육학에서 강조하는 메타 인지 학습법이 포함된 심층 학습 과정이다.

책의 내용만을 수동적으로 이해하는 과정에서 벗어나 책의 내용과 자신의 견해를 저울질하는 판단 단계와 그 과정의 모든 내용을 기록하는 초서 단계를 모두 거친 후에, 비로소 자신의 지식에 대해, 자신의 견해에 대해 생각하는 메타 인지 심층 학습 과정이 바로 의식 확장 단계다.

이 과정을 통해 독자들은 무엇보다 책의 내용이 아니라 자기 자신의 근원과 뜻을 찾아내는 과정을 반복하면서, 독서의 범위를 확장하며 심층 학습을 하는 것이다.

다산이 강조한 것은 독서가 아니다. 독서를 통해 반드시 뜻을 찾아내고, 그 근원을 찾아내야 한다는 것이다.

"독서는 뜻을 찾아야 한다."

"그 근원을 찾아내야만 한다."(『기유아』)

여기서 다산이 강조한 뜻, 그 근원은 단순히 책의 내용을 이해하는 것을 의미하지 않는다. 그것은 책의 내용을 토대로 비판하고 생각해서, 결국 자신의 주관과 의견을 확장시켜 자신의 제대로 된 의식을 이야기하는 것이라고 나는 생각한다.

그래서 다산은, 비록 하루에 1000권의 책을 읽는다 해도 뜻을 찾지 못한다면 그것은 담벼락을 보는 것과 다름없다고 강조했던 것이다.

초서 독서법은 단순히 책을 읽고 이해하는 단계에 머물지 않고, 책의 내용에 대해 생각하고 판단하는 것이다. 그뿐 아니라 그것을 적고 기록하는 것은 물론이고, 자신의 생각과 주관의 변화에 대해서도 그 근원을 찾아 파헤쳐 기록하고 성찰하는 통합적인 독서법이다.

강연록

독서에는
세 종류가
있 다

—

본격적으로 이야기를 시작하기 전에 의미심장한 이야기를 하나 해드리 겠습니다.

미국의 명문대인 예일 대학교에서 어느 심리학자가 직장인들에 대한 연구 결과를 발표합니다. 이 연구 결과는, 직장인들을 연구해 보니 어떤 직장이든, 또 어떤 종류의 일을 하든, 세 부류의 사람들 이 언제나 존재한다는 것이었습니다. 그리고 그 세 종류의 존재 방 식이 일에 대한 성과나 일에 대한 만족감, 심지어 삶의 전반에 걸친 행복감과 삶의 질을 결정한다는 놀라운 사실을 발견했습니다.

첫번째 부류의 직장인은 먹고살기 위해 직장을 다니는 사람들이 었습니다. 저는 이런 사람들을 생계를 위한 직장인이라고 부릅니다. 먹고살기 위해, 부자가 되기 위해, 성공하기 위해 직장을 다니는 부 류였습니다. 이들을 보면, 월급을 받기 위해 일하는 사람은 평생 거인으로 성장할 수 없다고 한 피터 드러커의 말이 생각납니다. 사람을 성장시키는 것은 바로 자신의 능력이 아니라 자신의 발전 가능성에 대한 신념이기 때문입니다.

두번째 부류의 직장인들은 어떤 사람들일까요? 두번째 부류의 사람들은 먹고살기 위해 직장을 다니는 사람들과는 약간 다른 차원에 있는 부류였습니다. 단순히 먹고사는 생계의 수준에서 벗어나, 자신의 실력과 역량을 키워나가기 위해 직장을 다니는 사람들이었습니다. 이런 사람들은 한마디로, 배움과 성장을 위해 일을 하는 직장인이라고 할 수 있겠죠. 자신의 역량을 키우고, 배우고 성장하기 위해 직장을 다니는 직장인들이었습니다.

놀라운 이들은 세번째 부류의 직장인들이었습니다. 그들은 어떤 사람들이었을까요?

세번째 부류의 직장인들은 자신이 하고 있는 일 자체에서 의미와 가치를 발견하여 그것에 헌신하는 사람들, 즉 소명 의식을 가지고 일을 하는 사람들이었습니다.

소명 의식을 가지고 일을 하는 사람들은 과연 어떤 마인드로 일을 할까요? 청소부에게 "당신의 일은 무엇인가요?"라고 질문을 하면, 소명 의식을 가진 청소부는 이렇게 대답합니다. "저는 지구의 한 모퉁이를 쓸고 있고, 아름답게 만들고 있습니다. 그래서 너무나 행복합니다."

세번째 부류인 간호사에게 "당신의 일은 무엇입니까?"라고 질문하면 이렇게 대답합니다.

"저는 아픈 사람들을 간호하여, 건강하게 살아갈 수 있도록 도움을 드리고 있습니다. 그래서 저는 너무나 행복합니다."

중국집 배달원 중에서도 일에 대해 남다른 자부심과 보람을 가지고 일을 하는 사람들이 있습니다. 세번째 부류의 사람들입니다.

일에서 가치와 의미를 찾고 그것에 헌신하는, 소명을 가진 직장인들은 일이 힘들지 않고 즐겁다고 합니다. 삶이 점점 더 행복해지고, 충만한 삶을 살 수 있다고 합니다.

직업에 상관없이 청소부든 변호사든 의사든 간호사든, 교수도 소방관도 경찰관도 국회의원도 대통령도 마찬가지라는 것입니다.

청소부로 일을 하든, 변호사로 일을 하든 소명 의식을 지닌 사람들이 그저 먹고살기 위해서 일을 하는 사람보다 훨씬 더 일을 잘하고 훨씬 더 행복하게 직장 생활을 한다고 합니다.

자신의 직업을 어떻게 규정하느냐에 따라 그 사람의 성취도와 만족감과 행복감, 즉 모든 것이 달라진다는 사실을 우리는 기억해야 합니다.

이것은 우리의 인생에도 고스란히 적용됩니다. 그저 먹고살기 위해서 사는 사람과 배움과 성장을 추구하며 사는 사람, 그리고 자신의 삶에서 가치와 의미를 발견해 그것을 위해 헌신하며 사는 소명을 가진 사람으로 나눌 수 있습니다.

첫째, 먹고살기 위해 하루하루 사는 사람.
둘째, 배우고 성장하고 자신을 드높이기 위해 사는 사람.

셋째, 삶의 의미와 가치를 발견하고 그에 헌신하는 소명을 가진
사람.

당신은 어떤 부류의 사람입니까?

제가 이 이야기를 하는 이유는, 제가 말씀드리고자 하는 주제와
약간 닮아 있기 때문입니다.

오늘의 주제는 바로 이 질문입니다.

"당신은 어떤 독서를 하고 계십니까?"

한번 대답해보시겠습니까? 여러분은 지금 어떤 독서를 하고 계
십니까?

저는 3년간 천 일 독서를 하면서 수많은 책을 탐독했고, 책을 통
해 많은 독서가들을 만났습니다. 그러다 한 가지 사실을 깨닫게 되
었습니다. 독서라고 해서 다 똑같은 것이 아니라는 사실입니다.

많은 독서가들이 있지만, 크게 세 부류의 독서가로 나눌 수 있다
는 사실을 발견했습니다.

첫번째 부류의 독서는 어떤 것일까요? 미국의 빌 게이츠와 워런
버핏이 실천한 독서가 이것입니다. 바로 독서를 통해 부자가 되고
성공을 하게 되는, 성공을 위한 독서라고 분류할 수 있습니다.

주식과 부동산, 재테크를 위한 독서를 하고 계십니까? 경쟁에서
승리하고, 회사에서 승진하고, 사회에서 성공하기 위한 독서를 하고
계십니까? 이런 부류의 독서도 크게 보면 성공을 위한 독서라고 할

수 있습니다.

"오늘의 나를 있게 한 것은 우리 마을 도서관이었고, 하버드 졸업장보다 소중한 것이 독서하는 습관이다."

세계 최고의 부자인 워런 버핏도 이런 부류의 독서를 한 사람입니다. "당신은 결코 독서보다 더 좋은 방법을 찾을 수 없을 것이다." 독서를 통해 부자가 되고 성공을 한 사람들이죠.

빌 게이츠와 워런 버핏은 대단한 독서광이었습니다. 그리고 그들이 독서를 통해 부자가 되고 성공했다는 사실을 아무도 부인할 수 없습니다.

제가 발견한 두번째 부류의 독서는 어떤 것일까요?

중국의 공자와 근대 일본을 일으켜 세운 일본의 후쿠자와 유키치의 독서라고 할 수 있습니다. 공자와 유키치의 독서를 한마디로 하면 무엇일까요?

바로 배움과 공부, 변화와 성장을 위한 독서입니다. 이렇게 변화와 성장을 위한 독서를 했던 인물 중 대표적인 이가 바로 중국의 공자와 일본의 후쿠자와 유키치입니다.

공자가 했던 공부가 바로 배움과 성장을 위한 독서였습니다.

"배우고 익히면 즐겁지 아니한가?"

후쿠자와 유키치는 어떤 인물이었을까요? 일본의 고액권 지폐인 1만 엔권에 얼굴이 새겨진 주인공이기도 합니다. 어떤 인물이기에 일본에서 가장 비싼 지폐에 얼굴이 새겨졌을까요? 지금의 일본을 있게 한 사람이라고 저는 평가합니다.

일본은 원래 독서를 즐겨 하지 않던 민족이었습니다. 근대에는 더 심했습니다. 그런데 그는 근대 일본을 일으켜 세워 독서 강국 일본으로 도약하는 데 정신적 지주가 되었던 인물입니다. 일본을 이만큼 성장시킨 한 사람인 유키치는, 자신의 책을 통해 이렇게 말하면서 일본인들을 성장시키고 일본인들이 독서를 하게 만들었습니다.

"하늘은 사람 위에 사람을 만들지 않았다. 사람 위에 사람 없고 사람 밑에 사람 없다. 누구라도 배우고 공부하면 천황도 될 수 있다. 그러므로 많은 책을 읽고 또 읽고 또 읽어라."

일본 국민들을 이렇게 계몽했습니다. 그래서 오늘날 일본의 토대를 마련했다고 해도 과언이 아닙니다. 후쿠자와 유키치는 일본 국민들에게 배움과 성장을 위한 독서를 강조한 인물입니다.

일본의 후쿠자와 유키치, 중국의 공자가 했던 독서는 배움과 성장을 위한 독서이며, 두번째 부류의 독서라고 할 수 있습니다.

이 두 부류의 독서 말고도 또다른 종류, 세번째 부류의 독서가 있습니다. 이것이 강의 주제이기도 합니다.

세번째 부류의 독서는 우리 선조들이 몸소 실천한 위대한 독서입니다. 우리의 자랑스러운 선조들이 평생을 두고 실천했던, 위대한 소명을 위한 독서입니다.

한마디로 이야기하면, 인생의 의미와 가치를 발견하기 위한 독서입니다. 인생의 뚜렷한 목표와 소명 의식을 가진 독서입니다. 저는 이러한 세번째 부류의 독서를 국가와 민족을 바꾸는 위대한 독서, 혹은 인생의 위대한 독서, 줄여서 위대한 독서라고 말하고 싶습니다.

앞서 예일 대학교 심리학과 교수가 발견한 세 부류의 직업에 대한 인식을 말씀드렸습니다. 똑같은 직장을 다니고 똑같은 일을 해도, 단순히 먹고살기 위해서 일하는 사람이 있는가 하면 소명 의식을 가지고 일하는 사람이 있다고 했습니다.

독서에도 바로 이러한 원리가 그대로 적용된다는 사실을 저는 알게 되었습니다. 똑같이 독서를 해도 어떤 사람은 먹고살기 위해 독서를 하고, 또 어떤 사람은 배움과 성장을 위해 독서를 합니다.

그런데 우리 선조들은 달랐습니다. 독서의 수준이 달랐습니다. 우리 선조들은 뚜렷한 소명 의식을 가지고 독서를 했던, 독서의 대가들이었습니다. 소명을 가진 독서, 세번째 부류의 독서를 '위대한 독서'라고 줄여서 이야기하겠습니다.

대표적인 인물이 너무나 많지만 딱 두 분만 소개하겠습니다. 누굴까요? 바로 세종대왕과 안중근 의사입니다.

1910년 3월 26일 안중근 의사의 사형이 집행되던 바로 그 순간에, 사형 집행인이 안중근 의사에게 이렇게 묻습니다.

"마지막 소원이 무엇입니까?"

안중근 의사가 자신의 생애 마지막 순간에 하고자 했던 것이 무엇일까요?

"5분만 시간을 주십시오. 책을 다 읽지 못했습니다."

왜 그렇게 말했을까요? 왜 인생의 마지막 순간에도 독서를 멈추지 않았을까요? 그분에게 독서는 먹고살기 위해, 성공하기 위해 하는 것이 아니었습니다. 평생을 두고, 인생을 걸고, 소명 의식을 가지고 위대한 독서를 했던 것입니다.

이것이 바로 그가 위대한 독서를 했다는 증거입니다.

안중근 의사의 어머니는 아들에게 이런 편지를 보냈습니다.

"일본인들에게 구차하게 목숨을 구걸하지 말고, 민족과 나라와 후손을 위해 그냥 죽어라."

이것이 우리 민족의 정신입니다. 우리 민족의 훌륭한 어머니들의 기개이며 용기이며 패기이며 혼입니다.

바로 이런 분들 덕분에 지금 우리나라가 존재하는 것입니다. 죽음도 두려워하지 않는 그 정신이 우리 민족의 정신입니다.

눈에 넣어도 아프지 않을, 세상에서 가장 귀한 자식에게, 목숨을 구걸하지 말고 당당하게 죽음을 택하라고 했던 위대한 어머니들이 바로 우리의 선조인 것입니다.

이렇게 위대한 독서를 한 또 한 분이 바로 세종대왕입니다.

세종대왕이 소명 의식을 가지고 위대한 독서를 했다는 증거는 무엇일까요?

바로 집현전 학자들에게 입버릇처럼 하셨다는 말씀입니다.

세종대왕은 최고의 위치에서도 독서를 가장 열심히 했고, 조금도 게을리하지 않았습니다. 세종대왕이 그토록 열심히 독서를 한 이유가 무엇일까요?

"민족과 나라와 후손을 위해 우리, 공부하다 죽읍시다."

그렇습니다. 그의 독서는 민족과 나라와 후손을 위해 하는, 소명을 가진 위대한 독서였습니다.

한 분은 대한민국의 중심인 광화문 광장에, 또 한 분의 서울의 중심인 남산 정상에 그 동상이 세워져 있습니다.

여러분은 지금 어떤 독서를 하고 있습니까? 혹은 어떤 독서를 더 좋아합니까?

빌 게이츠와 워런 버핏이 했던, 부자가 되고 성공하게 해주는 독서보다, 공자와 후쿠자와 유키치가 했던, 배움과 성장을 위한 독서보다도, 우리 선조들이 몸소 실천했던 위대한 독서가 백 배 정도 더 좋습니다.

오늘부터라도 저와 함께 우리 선조들의 위대한 독서법을 다른 독서법보다 더 좋아해보시겠습니까?

대한민국은 누가 뭐라 해도 위대한 나라입니다. 위대한 대한민국은 저절로 만들어진 것이 아닙니다. 우리 선조들의 위대한 독서가 밑바탕이 되고 뿌리가 되었기 때문에 가능했다고 저는 믿습니다.

저는 아무것도 내세울 것이 없는 평범한 사람입니다. 하지만 저는 우리 선조들의, 수준이 남다른 위대한 독서법을 발굴하고 연구해 세상에 알리는 일을 멈추지 않고 계속할 것입니다.

우리 선조들의 위대한 독서에 동참하시겠습니까?

그리고 그 위대한 독서를 한 위대한 선조들을 우리 후손들이, 후손의 후손들이, 그리고 그 후손의 후손의 후손들이 꼭 기억해야 할 것입니다.

　오늘 집에 돌아가 자녀들에게 꼭 이야기해주십시오. 우리 선조들은 수준이 다른 독서를 했다고, 그 위대한 독서에 대해 이야기해주십시오.

책을 읽으면 삶의 격과 질이 달라진다

왜 책을 읽어야 하는가? 책을 읽지 않아도 잘 먹고 잘사는 사람이 얼마든지 있다. 잘 먹고 잘사는 사람이 왜 굳이 책을 읽어야 하는가? 아니다. 그렇지 않다.

책을 읽는 목적은 잘 먹고 잘살기 위해서가 아니다. 책을 읽지 않아도 부자가 되고 성공할 수 있다. 그럼에도 우리는 책을 읽어야 한다.

책을 읽지 않으면 자기만의 회로에 갇히게 된다. 자기만의 편견과 고정관념에 갇혀 살게 된다. 평생 그렇게 산다고 생각해보라. 억울하지 않겠는가? 더 크고 더 높고 더 넓은 세계가 바로 옆에 있는데 언제까지 우물 안에서만 살 것인가?

책을 읽으면 물론 잘 먹고 잘살 수 있게 된다. 하지만 그것이 전부라면 독서가 아니더라도 다른 수단이 많이 있다. 부동산이나 주식을 남들보다 더 잘하면 충분히 잘살 수 있다.

남다른 재주가 있는 사람이라면 독서를 안 해도 잘 먹고 잘살 수 있다. 누군가 방송 인터뷰에서 독서 같은 것은 거의 하지 않는다고 말하는 것을 본 적이 있다. 그 사람은 이미 엄청나게 성공한 사람이었다.

부자가 되거나 성공하기 위해 독서를 해야 하는 것이 아니다. 그보다 더 중요한 독서의 이유가 있다. 독서를 하면 삶의 격과 질이 달라지기 때문이다. 즉 부와 명예를 위해서가 아니라 삶 그 자체를 위해서 독서를 해야 하는 것이다.

책을 많이 읽는 사람은 부와 명예를 얻는 데서 그치는 것이 아니라 삶 자체가 위대해진다. 즉 사람이 무언가를 얻는 정도에서 끝나는 것이 아니라 삶 그 자체, 자기 자신이 위대해진다. 이것이 독서의 진짜 위력이다. 독서를 많이 하는 사람은 위대한 삶을 살게 된다.

안중근 의사가 그랬고, 이순신 장군이 그랬고, 다산 정약용 선생이 그랬고, 세종대왕이 그랬다.

책을 읽으면 삶의 질과 격이 달라진다. 한마디로, 책을 많이 읽은 사람은 위대한 삶을 살아갈 수 있게 된다.

누구든 책을 많이 읽으면 반드시 더 나은 존재가 되고, 더 나은 삶을 살아갈 수 있다.

『백수의 1만 권 독서법』 추천 도서 1000권

1. 독서 초보와 독서 지도자를 위한 도서

| 독서 초보를 위한 추천 도서 10권 |

1. 『책읽기의 즐거움』, 다이애나 홍 지음, 김영사, 2008
2. 『2주에 1권 책읽기』, 윤성화 지음, 더난출판사, 2007
3. 『1천권 독서법』, 전안나 지음, 다산4.0, 2017
4. 『독서의 이유』, 신동기 지음, 지식공작소, 2006
5. 『독서 천재가 된 홍대리』, 이지성 외 지음, 다산라이프, 2011
6. 『오직 읽기만 하는 바보』, 김병완 지음, 브레인스토어, 2013
7. 『서른 살 직장인 책읽기를 배우다』, 구본준 외 지음, 위즈덤하우스, 2009
8. 『독서법부터 바꿔라』, 기성준 지음, 북씽크, 2015
9. 『독서법도 모르면서 책을 읽는 사람들』, 진낙식 지음, 지식과감성, 2014
10. 『교양인의 행복한 책읽기』, 정제원 지음, 베이직북스, 2010

| 자녀에게 독서 지도를 하고자 하는 이들을 위한 추천 도서 10권 |

1. 『내 아이를 책의 바다로 이끄는 법』, 임사라 지음, 비룡소, 2009
2. 『엄마가 어떻게 독서 지도를 할까』, 남미영 지음, 대교출판, 1997
3. 『독서교육』, 전도근 지음, 학지사, 2011
4. 『아침 독서 10분이 공부하는 아이를 만든다』, 이미현 지음, Tenbook, 2009
5. 『거꾸로 접근하는 베짱이 지혜독서』, 김영자 지음, 성림, 2005
6. 『초등 고전 읽기 혁명』, 송재환 지음, 글담, 2011
7. 『내 아이를 위한 독서 비타민』, 히구치 유이치 지음, 김현영 옮김, 문학수첩 리틀북스, 2007
8. 『아침 독서 5분』, 파멜라 에스페랜드 지음, 권일안 옮김, 엘데른, 2006
9. 『창의적인 독서 지도 77가지』, 정진 외 지음, 해오름, 2003
10. 『독서 지도의 정석』, 가톨릭대학교 우석독서교육연구 지음, 글로연, 2008

| 독서 고수들이 꼭 읽어야 할 추천 도서 10권 |

1. 『1시간에 1권 퀀텀독서법』, 김병완 지음, 청림출판, 2017
2. 『1만 권 독서법』, 인나미 아쓰시 지음, 장은주 옮김, 위즈덤하우스, 2017
3. 『1년 만에 기억력 천재가 된 남자』, 조슈아 포어 지음, 류현 옮김, 갤리온, 2016
4. 『이동진 독서법』, 이동진 지음, 예담, 2017
5. 『고전 독서법』, 정민 지음, 보림, 2012
6. 『독서독본』, 김삼웅 지음, 현암사, 2012
7. 『책은 도끼다』, 박웅현 지음, 북하우스, 2011
8. 『김병완의 초의식 독서법』, 김병완 지음, 아템포, 2014
9. 『하브루타 질문 독서법』, 김정완 외 지음, 예문출판사, 2016
10. 『세계 명문가의 독서교육』, 최효찬 지음, 예담프렌드, 2015

2. 분야별 추천 도서

| 인문, 고전을 좋아하는 사람을 위한 추천 도서 55권 |

1. 『군주론』, 니콜로 마키아벨리 지음, 강정인 외 옮김, 까치, 2015

2. 『장자』, 장자 지음, 김학주 옮김, 연암서가, 2010

3. 『한 권으로 읽는 국부론』, 아담 스미스 지음, 안재욱 옮김, 박영사, 2018

4. 『맥베스』, 윌리엄 셰익스피어 지음, 최종철 옮김, 민음사, 2004

5. 『철학적 탐구』, 루트비히 비트겐슈타인 지음, 이승종 옮김, 아카넷, 2016

6. 『변신이야기』, 오비디우스 지음, 천병희 옮김, 숲, 2017

7. 『감시와 처벌』, 미셸 푸코 지음, 오생근 옮김, 나남, 1994

8. 『로마제국 쇠망사』, 에드워드 기번 지음, 황건 옮김, 까치, 1991

9. 『혁명의 시대』, 에드워드 사이드 지음, 정도영 외 옮김, 한길사, 1998

10. 『오리엔탈리즘』, 에드워드 사이드 지음, 박홍규 옮김, 교보문고, 1991

11. 『펠로폰네소스 전쟁사』, 투퀴디데스 지음, 천병희 옮김, 숲, 2011

12. 『크리톤』, 플라톤 지음, 이기백 옮김, 이제이북스, 2009

13. 『소크라테스의 변명』, 플라톤 지음, 황문수 옮김, 문예출판사, 1999

14. 『갈리아 전기』, 가이우스 율리우스 카이사르 지음, 박광순 옮김, 종합출판 범우, 2006

15. 『자본론』, 칼 마르크스 지음, 손철성 옮김, 풀빛, 2005

16. 『삼국유사』, 일연 지음, 김원중 옮김, 민음사, 2008

17. 『원본 삼국사기』, 김부식 지음, 이강래 옮김, 한길사, 1998

18. 『단테의 신곡』, 단테 알리기에리 지음, 유필 옮김, 밀리언셀러, 2017

19. 『맹자』, 맹자 지음, 박경환 옮김, 홍익출판사, 2005

20. 『논어』, 공자 지음, 김원중 옮김, 휴머니스트, 2017

21. 『다산문선』, 정약용 지음, 민족문화추진회 편 옮김, 솔, 1997

22. 『나는 장자다』, 왕명 지음, 허유영 옮김, 들녘, 2011

23. 『고백록』, 성 아우구스티누스 지음, 박문재 옮김, CH북스, 2016

24. 『장자』, 장자 지음, 김학주 옮김, 연암서가, 2010

25. 『공자 인생강의』, 바오펑산 지음, 하병준 옮김, 시공사, 2011

26. 『한무제강의』, 왕리췬 지음, 홍순도 외 옮김, 김영사, 2011

27. 『파우스트』, 요한 볼프강 폰 괴테 지음, 김인순 옮김, 열린책들, 2009

28. 『월든』, 헨리 데이비드 소로 지음, 강승영 옮김, 이레, 2006

29. 『카라마조프 가의 형제들』, 표도르 도스토옙스키 지음, 이길주 옮김, 아름
다운날, 2009

30. 『방법서설』, 데카르트 지음, 이현복 옮김, 문예출판사, 1997

31. 『참회록』, 장 자크 루소 지음, 홍승오 옮김, 동서문화사, 2016

32. 『몽테뉴 수상록』, 미셸 드 몽테뉴 지음, 손우성 옮김, 문예출판사, 2007

33. 『아리스토텔레스의 시학』, 아리스토텔레스 지음, 천병희 옮김, 문예출판사,
2002

34. 『소포클레스 비극 전집』, 소포클레스 지음, 천병희 옮김, 숲, 2008

35. 『손자병법』, 손무 지음, 김원중 옮김, 휴머니스트, 2016

36. 『실낙원』, 존 밀턴 지음, 조신권 옮김, 문학동네, 2010

37. 『에밀』, 장 자크 루소 지음, 이환 옮김, 돋을새김, 2015

38. 『부활』, 톨스토이 지음, 이동현 옮김, 동서문화사, 2011

39. 『소유냐 삶이냐』, 에리히 프롬 지음, 정성환 옮김, 홍신문화사, 2007

40. 『난중일기』, 이순신 지음, 박종평 옮김, 글항아리, 2018

41. 『리바이어던』, 토머스 홉스 지음, 신재일 옮김, 서해문집, 2007

42. 『열자』, 열자 지음, 김학주 옮김, 을유문화사, 2000

43. 『금오신화』, 김시습 지음, 이지하 옮김, 민음사, 2009

44. 『묵자』, 묵적 지음, 박재범 옮김, 홍익출판사, 1999

45. 『키케로의 의무론』, 키케로 지음, 허승일 옮김, 서광사, 2006

46. 『니코마코스 윤리학』, 아리스토텔레스 지음, 천병희 옮김, 숲, 2013

47. 『도덕 계보학』, 프리드리히 니체 지음, 홍성광 옮김, 연암서가, 2011

48. 『플루타르코스 영웅전』, 플루타르코스 지음, 천병희 옮김, 숲, 2010

49. 『플라톤의 프로타고라스 라케스 메논』, 플라톤 지음, 박종현 옮김, 서광사,
2010

50. 『안티고네』, 소포클레스 지음, 김종환 옮김, 지식을만드는지식, 2014

51. 『태백산맥』(전10권), 조정래 지음, 해냄, 2008

52. 『홍루몽』(전7권), 조설근 지음, 홍상훈 옮김, 솔, 2013

53. 『플루타르코스 영웅전』(전3권), 플루타르코스 지음, 박현태 외 옮김, 동서문화사, 2015

54. 『무궁화 꽃이 피었습니다』(전2권), 김진명 지음, 새움, 2010년

55. 『전쟁과 평화』(전4권) 레프 톨스토이 지음, 박형규 옮김, 문학동네, 2017

| 소설을 좋아하는 사람을 위한 추천 도서 30권 |

1. 『카인의 후예』, 황순원 지음, 문한과지성사, 2006

2. 『토지』(전20권), 박경리 지음, 마로니에북스, 2012

3. 『인간시장』, 김홍신 지음, 행림출판, 1981

4. 『보바리 부인』, 귀스타브 플로베르 지음, 김중현 옮김, 더클래식, 2014

5. 『파리대왕』, 윌리엄 골딩 지음, 유종호 옮김, 민음사, 2000

6. 『사람의 아들』, 이문열 지음, 민음사, 1979

7. 『손님』, 황석영 지음, 창작과비평사, 2007

8. 『연금술사』, 파울로 코엘료 지음, 최정수 옮김, 문학동네, 2001

9. 『칼의 노래』, 김훈 지음, 생각의나무, 2001

10. 『무기여 잘 있거라』, 어니스트 헤밍웨이 지음, 이유정 옮김, 더클래식, 2017

11. 『율리시스』, 제임스 조이스 지음, 김종건 옮김, 어문학사, 2016

12. 『심판』, 프란츠 카프카 지음, 김현성 옮김, 문예출판사, 2007

13. 『인간 조건』, 앙드레 말로 지음, 박종학 옮김, 홍신문화사, 2012

14. 『살인의 해석』, 제드 러벤펠드 지음, 박현주 옮김, 비채, 2007

15. 『호밀밭의 파수꾼』, 제롬 데이비드 샐린저 지음, 공경희 옮김, 민음사, 2009

16. 『분노의 포도』, 존 스타인벡 지음, 맹은빈 옮김, 일신서적출판사, 1988

17. 『내일이 오면』, 시드니 셀던 지음, 정성호 옮김, 청목사, 1990

18. 『주홍글씨』, 너새니얼 호손 지음, 김욱동 옮김, 민음사, 2007

19. 『이방인』, 알베르 카뮈 지음, 김화영 옮김, 민음사, 2011

| 읽으면 성공에 가까워지는 성공 도서 100권 |

10. 『잘 되는 사람은 무슨 생각을 하며 살까?』, 허샨 지음, 박수진 옮김, 새론북스, 2010

11. 『생각대로 된다』, 노먼 빈센트 필 지음, 최소영 옮김, 21세기북스, 2008

12. 『뜻한 대로 된다』, 노먼 빈센트 필 지음, 안기순 옮김, 21세기북스, 2008

13. 『성공의 정석』, 존 맥그라 지음, 권이영 옮김, 다밋, 2006

14. 『안된다는 생각을 깨뜨리는 12가지 심리 법칙』, 토마스 바 외 지음, 신혜원 옮김, 예지, 2005

15. 『몰입 FLOW』, 미하이 칙센트미하이 지음, 최인수 옮김, 한울림, 2004

16. 『생각을 뒤집어라』, 폴 아덴 지음, 김지현 옮김, 김앤김북스, 2007

17. 『장자 성공을 말하다』, 김창일 지음, 흐름출판, 2004

18. 『죽도록 일하지 않고 성공하는 법』, 로버트 크리겔 지음, 임정재 옮김, 한스미디어, 2004

19. 『말 못하는 사람은 성공도 못한다』, 시부야 쇼조 지음, 신현호 옮김, 문사미디어, 2006

20. 『덴쓰의 성공 10 법칙』, 우에다 마사야 지음, 이위경 옮김, 이지북, 2004

21. 『개구리 성공학』, 달시 레라크 외 지음, 유왕진 옮김, 지식더미, 2007

22. 『실패의 힘』, 찰스 C. 만즈 지음, 이경재 외 옮김, 예문, 2002

23. 『성공 주문을 걸어라』, 피터 콜웰 지음, 서필환 옮김, 호이테북스, 2007

24. 『바보들은 알면서도 실패한다』, 편집부 지음, 화담, 2003

25. 『마시멜로 이야기』, 호아킴 데 포사다 외 지음, 김경환 옮김, 한국경제신문사, 2005

26. 『이기는 습관』, 전옥표 지음, 쌤앤파커스, 2007

27. 『맥스웰 몰츠 성공의 법칙』, 맥스웰 몰츠 지음, 공병호 옮김, 비즈니스북스, 2010

28. 『성공적 삶을 위한 인간관계론』, 차대운 외, 대명, 2009

29. 『50번째 법칙』, 로버트 그린 외 지음, 안진환 옮김, 살림Biz, 2009

30. 『성공학의 역사』, 정해윤 지음, 살림, 2004

31. 『성공의 길은 내 안에 있다』, 이숙영 지음, 살림, 2004

32. 『정상에서 만납시다』, 지그 지글러 지음, 이은정 옮김, 산수야, 2015

33. 『무한능력』, 앤소니 라빈스 지음, 조진형 옮김, 씨앗을뿌리는사람, 2008

34. 『성공의 열쇠는 집중력이다』, 세론 Q 듀몬 지음, 최준수 옮김, 북뱅크, 2006

35. 『성공노트 77』, 데이빗 김 지음, 해피앤북스, 2005

36. 『생각의 힘』, 노먼 빈센트 필 지음, 배응준 옮김, 규장문화사, 2003

37. 『개인 브랜드 성공전략』, 신병철 지음, 살림, 2004

38. 『성공 키워드 12』, 케빈 호건 외 지음, 김희달 외 옮김, 세종서적, 2011

39. 『실패를 감추는 사람 실패를 살리는 사람』, 하타무라 요타로 지음, 정택상 옮김, 세종서적, 2001

40. 『부 지혜 성공의 법칙』, 존 맥도널드 지음, 서광원 옮김, 시사문화사, 2005

41. 『유쾌한 역발상 73가지』, 구츠와다 타카후미 지음, 정하상 외 옮김, 모색, 2003

42. 『적극적 사고방식』, 노만 v. 필 지음, 이정빈 옮김, 지성문화사, 1994

43. 『폰더 씨의 위대한 하루』, 앤디 앤드루스 지음, 이종인 옮김, 세종서적, 2011

44. 『유대인 기적의 성공비밀』, 김욱 지음, 지훈, 2006

45. 『성공하는 사람들의 7가지 습관』, 스티븐 코비 지음, 김경섭 옮김, 김영사, 2017

46. 『세상을 움직이는 8가지 법칙』, 한창욱 지음, 새론북스, 2006

47. 『명쾌통쾌 성공학』, 성리화 지음, 스마트비즈니스, 2006

48. 『좋은 성공』, 김승남 지음, 조은북스, 2010

49. 『일 잘 하는 당신이 성공을 못 하는 20가지 비밀』, 마셜 골드스미스 지음, 이내화 외 옮김, 리더스북, 2008

50. 『성공하는 삶을 위한 FISH 철학』, 스티븐 C. 런딘 외 지음, 이나경 옮김, 문학사상사, 2004

51. 『신념의 마력』, 클로드 브리스톨 지음, 최염순 옮김, 비즈니스북스, 2007

52. 『실패한 사람들은 말의 8할이 부정이다』, 프란체스코 알베로니 지음, 정선

희 옮김, 스마트비즈니스, 2010

53.『대시: 인생을 통쾌하게 뒤집는 28가지 성공법』, 에릭 아론슨 지음, 노혜숙 옮김, 소소, 2004

54.『오리진이 되라』, 강신장 지음, 쌤앤파커스, 2010

55.『30대 평생 일자리에 목숨 걸어라』, 김상훈 외 지음, 위즈덤하우스, 2010

56.『성공을 예감하라』, 조셉 존슨 지음, 김수빈 옮김, 하늘아래, 2010

57.『50번째 법칙』, 로버트 그린 외 지음, 안진환 옮김, 살림Biz, 2009

58.『즐기면서 성공한다』, 레이첼 브리지 지음, 김종욱 외 옮김, 지식의창, 2007

59.『골든티켓』, 브렌든 버처드 지음, 안진환 옮김, 웅진윙스, 2007

60.『밀리언 달러 티켓』, 리처드 파크 코돈 지음, 김명철 외 옮김, 마젤란, 2006

61.『쓰고 상상하고 실행하라』, 문준호 지음, 21세기북스, 2011

62.『10가지 자연법칙』, 하이럼 스미스 지음, 김경섭 옮김, 김영사, 1998

63.『느리게 성공하기』, 김희정 지음, 럭스미디어, 2011

64.『고전에서 찾은 서른의 성공 마흔의 지혜』, 김원중 지음, 위즈덤하우스, 2010

65.『반드시 해내겠다 말하라』, 도널드 트럼프, 중앙북스, 2010

66.『간절함이 답이다』, 윤태익 지음, 살림Biz, 2008

67.『마흔 이후에 성공한 사람들』, 알랜 줄로 지음, 황현덕 옮김, 수린재, 2007

68.『더 단순하게 살아라』, 로타르 J. 자이베르트 지음, 백종유 옮김, 좋은생각, 2011

69.『마법의 5년』, 문준호 지음, 아라크네, 2009

70.『워렌 버핏처럼 부자되고 반기문처럼 성공하라』, 서정명 지음, 무한, 2011

71.『즐겨야 이긴다』, 앤드류 미튜스 지음, 김현아 옮김, 북라인, 2011

72.『하버드 인텔리전스』, 빌 머피 주니어 지음, 백승빈 외 옮김, 비즈니스맵, 2011

73.『두뇌사용설명서』, 다카하시 게이지 지음, 심교준 옮김, 씨앗을뿌리는사람, 2007

74.『성공하는 사람은 생각이 다르다』, 김양호 지음, 비전코리아, 2012

75. 『천재가 된 제롬』, 에란 카츠 지음, 박미영 옮김, 황금가지, 2007
76. 『잠자면서 성공한다』, 조셉 머피 지음, 이선종 옮김, 선영사, 2009
77. 『OFF학: 잘 노는 사람이 성공한다』, 오마에 겐이치 지음, 이수미 옮김, 에 버리치홀딩스, 2009
78. 『성공을 부르는 긍정의 힘』, 사토 도미오 지음, 박치원 옮김, 솔과학, 2006
79. 『성공은 바보다』, 고환택 지음, 북갤러리, 2011
80. 『생각을 바꾸면 인생이 바뀐다』, 폴 매코믹 지음, 김우열 옮김, 뜰, 2008
81. 『성공의 열쇠는 집중력이다』, 세론 Q. 듀몬 지음, 최준수 옮김, 북뱅크, 2006
82. 『행동하라! 성공이 온다』, 나폴레온 힐 지음, 김정수 옮김, 중앙경제평론사, 2009
83. 『위대한 잠재력』, 커트 W. 모텐슨 지음, 안진환 옮김, 더난출판사, 2009
84. 『목표 없이 성공하라』, 히라모토 아키오 지음, 정유선 옮김, 리더&리더, 2008
85. 『성공한 사람들은 말의 절반이 칭찬이다』, 프란체스코 알베로니 지음, 이현 경 옮김, 스마트비즈니스, 2006
86. 『숫자로 생각하는 사람이 성공한다』, 야하기 세이치로 지음, 최현숙 옮김, 매일경제신문사, 2002
87. 『성서 속의 시크릿』, 플로렌스 S. 쉰 지음, 한미례 옮김, 열린숲, 2010
88. 『성격을 바꾸면 성공이 보인다』, 전성일 지음, 미래북, 2004
89. 『성공의 기술』, 존 그레이 지음, 서현정 옮김, 나비효과, 2011
90. 『적극적 사고방식』, 로버트 슐러 지음, 장재영 옮김, 태인문화사, 2008
91. 『저글링』, 이안 샌더스 지음, 구승준 옮김, 한문화, 2010
92. 『이기는 사람들의 게임의 법칙』, 쑤춘리 지음, 정영선 옮김, 시그마북스, 2010
93. 『성공한 사람들은 스스로 멘토가 된다』, 피오나 해롤드 지음, 신상권 외 옮 김, 지상사, 2005
94. 『골든룰』, 시마즈 고이치 지음, 장종휘 옮김, 나라원, 2002

95. 『딱 1시간만 미쳐라』, 데이브 라카니 지음, 강주헌, 문희경 옮김, 동아일보사, 2006

96. 『부와 행복의 놀라운 성공법칙 28가지』, 샌드라 앤 테일러 지음, 이정혜 옮김, 기원전, 2011

97. 『성공과 실패를 가르는 1%의 생각 차이』, 하오즈 지음, 황보경 옮김, 비즈메카, 2007

98. 『효율적으로 일하고 크게 성공하는 법』, 리앙즈 지음, 이지연 옮김, 황금책방, 2010

99. 『안목의 힘』, 토조 대첸커리 외 지음, 이승은 옮김, 하늘눈, 2007

100. 『크리에이트 석세스』, 에프런 테일러 외 지음, 황소영 옮김, 오늘의 책, 2009

| 읽으면 무조건 행복해지는 행복 도서 50권 |

1. 『행복창조의 비밀』, 제리 힉스 외 지음, 박행국 옮김, 나비랑북스, 2008

2. 『How to be happy』, 소냐 류보머스키 지음, 오혜경 옮김, 지식노마드, 2008

3. 『옵티미스트: 행복한 선물』, 채정호 지음, 매일경제신문사, 2006

4. 『삶이라는 무게로부터 가벼워지는 기술』, 기렐라 크레머 지음, 이만수 옮김, 스마트비즈니스, 2010

5. 『행복한 청소부』, 모니카 페트 지음, 김경연 옮김, 풀빛, 2003

6. 『행복의 정복』, 버트런드 러셀 지음, 이순희 옮김, 사회평론, 2005

7. 『해피노믹스』, 신동기 지음, 엘도라도, 2008

8. 『모나리자 미소의 법칙』, 에드 디너 외 지음, 오혜경 옮김, 21세기북스, 2009

9. 『행복은 철학이다』, 에이나 외버렝겟 지음, 손화수 옮김, 꽃삽, 2009

10. 『인생을 즐겁게 사는 법』, 요시히코 모로토미 지음, 서혜영 옮김, 리드북, 2004

11. 『내 삶에 수놓을 행복 이야기』, 김안식 지음, 예솔, 2006

12. 『길에서 만난 행복』, 루이스 알렉산드레 솔라누 로씨 지음, 김항섭 옮김, 바오로딸, 2007

13. 『행복하려면 성공하지 마라』, 페터 오르토퍼 지음, 장혜경 옮김, 대원사, 2004

14. 『지금 이 순간을 살아라』, 에크하르트 톨레 지음, 노혜숙 외 옮김, 양문, 2008

15. 『행복하다고 말하면 진짜 행복하다』, 사토 도미오 지음, 오현숙 옮김, 북폴리오, 2005

16. 『100만 번 산 고양이』, 사노 요코, 김난주 옮김, 비룡소, 2002

17. 『절망하지 말고 인생의 페이지를 넘겨라』, 바바라 베르크한 지음, 임정희 옮김, 도솔, 2006

18. 『이유없이 행복하라』, 마시 시모프 외 지음, 안진환 옮김, 황금가지, 2009

19. 『내 영혼을 위한 닭고기 수프』, 잭 캔필드 지음, WE GROUP 옮김, 꿈과희망, 2015

20. 『완전한 행복』, 마틴 셀리그만 지음, 곽명단 옮김, 물푸레, 2004

21. 『행복의 해부』, 헬렌 S. 정 지음, 작가서재, 2010

22. 『행복에 걸려 비틀거리다』, 대니얼 길버트 지음, 서은국 외 옮김, 김영사, 2006

23. 『디퍼 스크릿』, 안네마리 포스트마 지음, 박미숙 옮김, 금토, 2008

24. 『유쾌한 행복 사전』, 최윤희 지음, 나무생각, 2006

25. 『게으름의 행복』, 프레드 그랫즌 지음, 박인희 옮김, 북노마드, 2007

26. 『하루 30분 행복찾기』, 최복현 지음, 폴라리스, 2010

27. 『털 없는 원숭이의 행복론』, 데즈먼드 모리스 지음, 김동광 옮김, 까치, 2008

28. 『행복의 발견』, 스튜어트 매크리디 지음, 김석희 옮김, 휴머니스트, 2002

29. 『존 템플턴의 행복론』, 존 템플턴 지음, 권성희 옮김, 굿모닝북스, 2006

30. 『지금 행복해야 행복한거야』, 손기원 지음, 석세스티브이, 2007

31. 『행복의 조건』, 조지 베일런트 지음, 이덕남 옮김, 프런티어, 2010

32. 『행복한 사람들의 9가지 비밀』, 릭 포스터 외 지음, 오수담 옮김, 미담, 2005

33. 『행복의 비밀』, 애덤 잭슨 지음, 장연 옮김, 씽크뱅크, 2009

34. 『행복은 빈자리로 온다』, 송진구 외 지음, 책이있는마을, 2009

35. 『삶에서 가장 즐거운 것』, 존 러벅 지음, 이순영 옮김, 문예, 2009

36. 『완전한 행복』, 마틴 셀리그만 지음, 관명단 옮김, 물푸레, 2004

37. 『행복을 내일로 미루는 바보』, 로버트 홀든 지음, 오수원 옮김, 지식노마드, 2010

38. 『알랭의 행복론』, 알랭 지음, 변광배 옮김, 디오네, 2016

39. 『영국 BBC 다큐멘터리 행복』, 리즈 호가드 지음, 이경아 옮김, 예담, 2006

40. 『행복에 목숨 걸지 마라』, 리처드 칼슨 지음, 이창식 옮김, 한국경제신문사, 2010

41. 『행복은 혼자 오지 않는다』, 에카르트 폰 히르슈하우젠 지음, 박규호 옮김, 은행나무, 2010

42. 『행복한 독종』, 이시형 지음, 리더스북, 2012

43. 『행복하게 성공하라』, 조영탁 외 지음, 지혜정원, 2010

44. 『행복한 가족의 8가지 조건』, 스콧 할츠만 외 지음, 정수지 옮김, 랜덤하우스, 2010

45. 『장자에게 배우는 행복한 인생의 조건』, 이인호 지음, 새빛에듀넷, 2010

46. 『행복의 공식』, 슈테판 클라인 지음, 김영옥 옮김, 웅진지식하우스, 2006

47. 『행복을 찾아주는 9가지 생각』, 데이비드 레온하트 지음, 여효숙 옮김, 느낌이있는책, 2003

48. 『법륜 스님의 행복』, 법륜 지음, 나무의마음, 2016

49. 『꾸뻬 씨의 행복 여행』, 프랑수아 를로르 지음, 오유란 옮김, 오래된미래, 2004

50. 『살아있는 동안 꼭 생각해야 할 19가지』, 라이너 루핑 지음, 배명자 옮김, 21세기북스, 2010

| 경제, 경영, 국제, 사회, 정치에 관심 있는 이를 위한 추천 도서 50권 |

1. 『제3의 물결』, 앨빈 토플러 지음, 권오석 옮김, 홍신문화사, 1994

2. 『권력이동』, 앨빈 토플러 지음, 이규행 옮김, 한국경제신문사, 1990

3. 『세스 고딘 보고서』, 세스 고딘 지음, 권춘오 옮김, 나무생각, 2004

4. 『아웃라이어』, 말콤 글래드웰 지음, 노정태 옮김, 김영사, 2009

5. 『탤런트 코드』, 대니얼 코일 지음, 윤미나 옮김, 웅진지식하우스, 2009

6. 『빌 게이츠@생각의 속도』, 빌 게이츠 지음, 안진환 옮김, 청림출판, 1999.

7. 『블루오션 전략』, 김위찬 외 지음, 김현정 외 옮김, 교보문고, 2015

8. 『경제학 콘서트』(전2권), 팀 하포드 지음, 김명철 옮김, 웅진지식하우스, 2006

9. 『넛지』, 리처드 탈러 외 지음, 안진환 옮김, 리더스북, 2009

10. 『경호』, 켄 블랜차드 외 지음, 조천제 외 지음, 21세기북스, 2001

11. 『펄떡이는 물고기처럼』, 해리 폴 외 지음, 유영만 옮김, 한언, 2009

12. 『바보들은 항상 결심만 한다』, 팻 맥라건 지음, 윤희기 옮김, 예문, 2002

13. 『세계는 평평하다』, 토머스 프리드먼 지음, 김상철 외 옮김, 창해, 2005

14. 『카스피해 에너지 전쟁』, 이장규 외 지음, 올림, 2006

15. 『미래를 경영하라』, 톰 피터스 지음, 정성묵 옮김, 21세기북스, 2005

16. 『성장과 혁신』, 클레이튼 M. 크리스텐슨 외 지음, 딜로이트 컨설팅 코리아 옮김, 세종서적, 2005

17. 『피터 드러커 자기경영노트』, 피터 드러커 지음, 이재규 옮김, 한국경제신문사, 2003

18. 『부의 기원』, 에릭 바인하커 지음, 안현실 옮김, 랜덤하우스코리아, 2007

19. 『아이코노클라스트』, 그레고리 번스 지음, 김정미 옮김, 비즈니스맵, 2009

20. 『디지로그』, 이어령 지음, 생각의나무, 2006

21. 『글로벌 경제의 위기와 미국』, 로버트 루빈 외 지음, 신영섭 외 옮김, 지식의날개, 2005

22. 『개인 대 국가』, 허버트 스펜서 지음, 이상률 옮김, 2014

23. 『린치핀』, 세스 고딘 지음, 윤영삼 옮김, 21세기북스, 2010

24. 『더 딥』, 세스 고딘 지음, 안진환 옮김, 재인, 2010

25. 『사우스 웨스트 방식』, 조디 호퍼 기텔 지음, 황숙경 옮김, 물푸레, 2003

26. 『클러치』, 폴 설리번 지음, 박슬라 옮김, 중앙북스, 2011

27. 『퍼스널 마케팅』, 필립 코틀러 외 지음, 방영호 옮김, 위너스북, 2010

28. 『내가 상상하면 현실이 된다』, 리처드 브랜슨 지음, 이장우 외 옮김, 리더스북, 2007

29. 『리틀 빅 씽』, 톰 피터스 지음, 최은수 외 옮김, 더난출판사, 2010

30. 『고객체험의 경제학』, b.조지프 파인2세 외 지음, 신현승 옮김, 세종서적, 2001

31. 『디테일의 힘 2』, 왕중추 지음, 홍순도 옮김, 올림, 2011

32. 『성공하는 기업들의 8가지 습관』, 짐 콜린스 외 지음, 워튼포럼 옮김, 김영사, 2002

33. 『권력의 병리학』, 폴 파머 지음, 김주연 외 옮김, 후마니타스, 2009

34. 『미국민중사』, 하워드 진 지음, 유강은 옮김, 이후, 2008

35. 『코드 그린』, 토머스 L. 프리드만 지음, 최정임 옮김, 21세기북스, 2008

36. 『기후 커넥션』, 로이 W. 스펜서 지음, 이순희 옮김, 비아북, 2008

37. 『하룻밤에 읽는 경제학』, 마르크 몽투세 외 지음, 강주헌 옮김, 랜덤하우스코리아, 2011

38. 『거시경제학』, 그레고리 맨큐 지음, 이병락 옮김, 시그마프레스, 2016

39. 『매슬로에게 경영을 묻다』, 칩 콘리 지음, 손백희 외 옮김, 비즈니스맵, 2009

40. 『블루오션 전략』, 김위찬 외 지음, 교보문고, 2005

41. 『일의 발견』, 조안 B. 시울라 지음, 안재진 옮김, 다우, 2005

42. 『길을 열다』, 마쓰시타 고노스케 지음, 남상진 외 옮김, 청림출판, 2009

43. 『경영전략워크북』, 가와세 마코토 지음, 현창혁 옮김, 케이펍, 2011

44. 『세상은 2대8로 돌아가고 돈은 긴꼬리가 만든다』, 황샤오린 외 지음, 정영선 옮김, 더숲, 2011

45. 『경제를 읽는 경제학』, 왕양 지음, 남영택 옮김, 평단, 2011

46. 『하버드 경제학』, 천진 지음, 최지희 옮김, 에쎄, 2011

47. 『1분 경영수업』, 켄 블랜차드 외 지음, 윤동구 옮김, 랜덤하우스코리아, 2008

48. 『세상을 움직이는 100가지 법칙』, 이영직 지음, 스마트비즈니스, 2009
49. 『촘스키 세상의 권력을 말하다』, 노암 촘스키 지음, 강주헌 옮김, 시대의창, 2017
50. 『정치가 우선한다』, 셰리 버먼 지음, 김유진 옮김, 후마니타스, 2010

| 삶의 길을 묻는 이들을 위한 추천 도서 50권 |

1. 『삶에서 가장 중요한 것』, 존 러벅 지음, 이순영 옮김, 문예출판사, 2008
2. 『삶의 길 흰구름의 길』, 오쇼 라즈니쉬 지음, 류시화 옮김, 청아출판사, 2005
3. 『철학』, 요하임 가르츠 지음, 윤진희 옮김, 혜원출판사, 2008
4. 『사회적 인간의 본성』, 이성록 지음, 미디어숲, 2007
5. 『인생에 힘이 되는 지혜와 통찰』, 장원철 지음, 브리즈, 2009
6. 『세상을 살아가는 지혜』, 발타자르 그라시안 지음, 박선경 옮김, 동해출판, 2007
7. 『끝없는 추구』, 덱스터 예거 외 지음, 강민정 옮김, 나라, 2006
8. 『생각의 지혜』, 제임스 앨런 지음, 공경희 외 옮김, 물푸레, 2008
9. 『훌륭한 인생에 관한 여섯 개의 신화』, 조엘 J. 쿠퍼먼 지음, 손정숙 옮김, 황소자리, 2010
10. 『인생을 바꾸는 마음의 발견』, 마를린 조지 지음, 김미정 외 옮김, 영원, 2007
11. 『지식인을 위한 변명』, 장 폴 사르트르 지음, 조영훈 옮김, 한마당, 2008
12. 『목적이 이끄는 삶』, 릭 워렌 지음, 고성삼 옮김, 디모데, 2010
13. 『파리대왕』, 윌리엄 골딩 지음, 유종호 옮김, 민음사, 2000
14. 『체 게바라 평전』, 장 코르미에 지음, 김미선 옮김, 실천문학사, 2005
15. 『인간의 굴레』, 서머싯 몸 지음, 조용만 옮김, 동서문화사, 2011
16. 『내 영혼을 담은 인생의 사계절』, 짐 론 지음, 박옥 옮김, W BOOK 에이전시, 2011
17. 『삶의 진실에 대하여』, 지두 크리슈나무르티 지음, 이병기 옮김, 까치, 1982
18. 『젊은이여 어떻게 살 것인가』, 안병욱 지음, 문학출판사, 1982

19. 『우리를 영원케 하는 것은』, 유안진 지음, 자유문학사, 1988

20. 『자기로부터의 혁명』(전3권), 지두 크리슈나무르티 지음, 권동수 옮김, 범우사, 1982

21. 『내 아들아, 너는 인생을 이렇게 살아라』, 필립 체스터필드 지음, 권오갑 옮김, 을유문화사, 1989

22. 『마음을 열어주는 101가지 이야기』(전3권), 잭 캔필드 외 지음, 류시화 옮김, 인빅투스 외, 2014

23. 『살아 있는 동안 꼭 해야 할 49가지』, 탄줘잉 지음, 김명은 옮김, 위즈덤하우스, 2004

24. 『인생 수업』, 엘리자베스 퀴블러 로스 외, 류시화 옮김, 이레, 2006

25. 『인생을 최고로 사는 지혜』, 새뮤얼 스마일즈 지음, 공병호 옮김, 비즈니스북스, 2003

26. 『인생의 목적』, 할 어반 지음, 김문주 옮김, 더난출판사, 2005

27. 『인생지혜』, 이즈미 가즈유키 지음, 김지훈 옮김, 시아출판사, 2007

28. 『깨달음의 열쇠』, 베니스 J. 블러드워스 지음, 공보경 옮김, 지원북클럽, 2005

29. 『지금 이 순간』, 디트리히 그뢰네마이어 지음, 송휘재 옮김, 청년정신, 2008

30. 『내 인생을 바꾼 한권의 책』, 박경철 외 지음, 손정숙 옮김, 리더스북, 2013

31. 『카네기 인간경영 리더십』, 최염순 지음, 씨앗을 뿌리는 사람, 2005

32. 『내 인생 최고의 명언』, 알렉스 로비라 지음, 박선영 옮김, 청림출판, 2010

33. 『인생백년을 읽는 한권의 책』, 안길환 지음, 한림원, 2005

34. 『채근담』, 홍자성 지음, 김성중 옮김, 홍익출판사, 2005

35. 『인생이란 무엇인가』, 톨스토이 지음, 채수동 옮김, 동서문화사, 2007

36. 『30년 만의 휴식』, 이무석 지음, 비전과리더십, 2006

37. 『너무 일찍 나이 들어버린 너무 늦게 깨달아버린』(전2권), 고든 리빙스턴 지음, 노혜숙 옮김, 리더스북, 2007

38. 『세상물정의 사회학』, 노명우 지음, 사계절, 2013

39. 『존 로빈스의 인생혁명』, 존 로빈스 지음, 김은령 옮김, 시공사, 2011

40. 『삶의 길』, 크리스토프 호른 지음, 최경은 외 옮김, 생각의나무, 2005
41. 『또다른 삶을 위한 선택의 길』, 버논 하워드 지음, 도솔 옮김, 자유로운상상, 2007
42. 『만델라스 웨이』, 리처드 스텐걸 지음, 박영록 옮김, 문학동네, 2010
43. 『아이윌(I WILL)』, 메리 제인 라이언 지음, 윤정숙 옮김, 리더스북, 2008
44. 『기꺼이 길을 잃어라』, 로버트 커슨 지음, 김희진 옮김, 열음사
45. 『친구에게 가는 길』, 밥 그린 지음, 강주헌 옮김, 푸른숲, 2008
46. 『단 하루를 살아도 주인공으로 살아라』, 오리즌 스웨트 머든 지음, 신혜원 옮김, 이른아침, 2005
47. 『생각하는 힘 노자 인문학』, 최진석 지음, 위즈덤하우스, 2015
48. 『돈과 인생의 비밀』, 혼다 켄 지음, 홍찬선 옮김, 더난출판사, 2005
49. 『적은 내 안에 있다』, 남강 지음, 평단, 2005
50. 『생각을 바꾸면 즐거운 인생이 시작된다』, 마리안 반 아이크 맥케인 지음, 윤덕노 옮김, 함께가는길, 2006

| 삶의 처세와 철학을 묻는 이들을 위한 추천 도서 50권 |

1. 『인생에 리허설은 없다』, 청샤오거 지음, 김명은 옮김, 신원문화사, 2006
2. 『낮음』, 쌍쩐슈에 지음, 정혜주 옮김, 정민미디어, 2008
3. 『왼손에는 사기, 오른손에는 삼국지를 들어라』, 밍더 지음, 홍순도 옮김, 더숲, 2009
4. 『마법의 언어』, 우에니시 아키라 지음, 박현석 옮김, 동해, 2002
5. 『감사의 힘』, 데보라 노빌 지음, 김용남 옮김, 위즈덤 하우스, 2008.
6. 『천 마디를 이긴 한 마디』, 헬게 헤세 지음, 박종대 옮김, 북스코프, 2007
7. 『지학(止學)』, 마수추안 편 지음, 김호림 옮김, 김영사, 2005
8. 『사람의 마음을 움직이는 기술 유머코칭이 답이다』, 황의만 지음, 보성출판사, 2005
9. 『인생을 바꿔주는 마법의 열쇠』, 아놀드 폭스 외 지음, 박선영 옮김, 비즈니스맵, 2009

10. 『상어와 함께 수영하되 잡아먹히지 않고 살아남는 법』, 하비 맥케이 지음, 김정민 옮김, 아카데미북, 2003

11. 『아침형 인간2(시간 활용법)』, 쿠로카와 야스마사 지음, 한양심 옮김, 한스미디어, 2004

12. 『위대한 패배자』, 볼프 슈나이더 지음, 박종대 옮김, 을유문화사, 2005

13. 『끌리는 사람은 1%가 다르다』, 이민규 지음, 더난출판사, 2005

14. 『배짱으로 삽시다』, 이시형 지음, 풀잎, 2013

15. 『나는 오늘도 나를 응원한다』, 마리사 피어 지음, 이수경 옮김, 비즈니스북스, 2011

16. 『낯선 곳에서의 아침』, 구본형 지음, 을유문화사, 2007

17. 『느리게 산다는 것의 의미』, 피에르 쌍소 지음, 김주경 옮김, 동문선, 2000

18. 『배려』, 한상복 지음, 위즈덤하우스, 2006

19. 『청소부 밥』, 토드 홉킨스 외, 신윤경 옮김, 위즈덤하우스, 2006

20. 『할 어반의 위즈덤 10』, 할 어반 지음, 임금선 옮김, Y브릭로드, 2009

21. 『인생이 내게 말을 걸어왔다』, 에크낫 이스워런 지음, 이경남 옮김, 웅진윙스, 2007

22. 『플러스 나인』, 로버트 K. 쿠퍼 지음, 윤영호 옮김, 세종서적, 2005

23. 『마음의 부자가 진짜 부자다』, 김동범 지음, 푸르름, 2004

24. 『스몰 체인지(Small Change)』, 래리 터클 외 지음, 조인환 옮김, 문학사상, 2010

25. 『탈무드로 배우는 인생 경영법』, 박기현 지음, 원앤원북스, 2010

26. 『묘수』(전2권), 원하오 지음, 송철규 옮김, 예문, 2005

27. 『평상심』, 장쓰만 지음, 황보경 옮김, 샘터, 2008

28. 『게으르지 않고 느리게 산다는 것』, 기젤라 크레머 지음, 이민수 옮김, 스마트비즈니스, 2007

29. 『거짓말을 읽는 완벽한 기술』, 잭 내셔 지음, 송경은 옮김, 타임북스, 2011

30. 『바쁠수록 돌아가라』, 로타르 J. 자이베르트 지음, 이지혜 옮김, 미래의창, 2009

31. 『네 약함을 내세워라』, 마수취안 지음, 장연 옮김, 김영사, 2010

32. 『계책의 경전 책경』, 여설하 지음, 큰방, 2010

33. 『책략』, 화원위엔 지음, 박미애 옮김, 한스미디어, 2005

34. 『리스펙트』, 데보라 노빌 지음, 김순미 옮김, 위즈덤하우스, 2010

35. 『자조론』, 새뮤얼 스마일즈 지음, 김유신 옮김, 21세기북스, 2006

36. 『나를 망치는 것은 나 자신 뿐이다』, 왕경국 외 지음, 스타북스, 2010

37. 『존중』, 노엘 닐슨 지음, 민훈기 옮김, 부글북스, 2006

38. 『안목의 힘』, 토조 대첸 커리 외 지음, 이승은 옮김, 하늘눈, 2007

39. 『삼국지 인생전략 오디세이』, 마인춘 외 지음, 마길천 옮김, 아리샘, 2008

40. 『삶에게 묻지 말고 삶의 물음에 답하다』, 김영권 지음, 이덴슬리벨, 2011

41. 『하워드의 선물』, 에릭 시노웨이 외 지음, 김명철 외 옮김, 위즈덤하우스, 2013

42. 『철학의 위안』, 보에티우스 지음, 박문재 옮김, 현대지성, 2018

43. 『미라클』, 오리슨 스웨트 마든 지음, 김우열 옮김, 21세기북스, 2008

44. 『나는 왜 사라지고 있을까』, 정현천 지음, 리더스북, 2011

45. 『결정의 지혜』, 자오광종 지음, 김태성 외 옮김, 흐름출판, 2005

46. 『생각의 힘』, 김병완 지음, 프리뷰, 2013

47. 『보랏빛 소가 온다』(전2권), 세스 고딘 지음, 남수영 외 옮김, 재인, 2004

48. 『보이지 않는 것을 팔아라』, 해리 벡위드 지음, 양유석 옮김, 더난출판사, 2006

49. 『한가지 법칙』, 김병완 지음, 북스앤드, 2013

50. 『강점에 올인하라』, 도널드 클리프턴 외 지음, 홍석표 옮김, 솔로몬북, 2007

| 뇌 과학 및 뇌 학습법을 좋아하는 사람을 위한 추천 도서 35권 |

1. 『우리아이 우뇌 훈련』, 시치다 마코토 외 지음, 박재희 옮김, 넥서스주니어, 2008

2. 『브레인 룰스(Brain Rules)』, 존 메디나 지음, 서용조 옮김, 프런티어, 2009

3. 『전뇌 학습법』, 스티븐 D. 에이퍼트 지음, 복진선 옮김, 한스컨텐츠, 2006

4. 『꿈을 이룬 사람들의 뇌』, 조 디스펜자 지음, 김재일 옮김, 한언, 2009

5. 『죽어가는 뇌를 자극하라』, 오시마 기요시 지음, 서덕빈 옮김, 평단, 2004

6. 『해마』, 이케가야 유지 지음, 박선무 옮김, 2003

7. 『뇌가 기뻐하는 공부법』, 모기 겐이치로 지음, 이근아 옮김, 이아소, 2009

8. 『착각하는 뇌』, 이케가야 유지 지음, 김성기 옮김, 리더스북, 2008

9. 『사랑할 때 당신의 뇌가 하는 일』, 대니얼 G. 에이맨 지음, 김승환 옮김, 크리에이트, 2008

10. 『뇌와 마음의 정리술』, 쓰키야마 다카시 지음, 황미숙 옮김, 어문학사, 2009

11. 『뇌를 알면 아이가 보인다』, 김유미 지음, 해나무, 2009

12. 『뇌의 선물』, 다니엘 타멧 지음, 윤숙진, 김민경 옮김, 홍익출판사, 2009

13. 『뇌 과학의 함정』, 알바 노에 지음, 김미선 옮김, 갤리온, 2009

14. 『마음을 움직이는 뇌 뇌를 움직이는 마음』, 성영신 지음, 해나무, 2004

15. 『춤추는 뇌』, 김종성 지음, 사이언스북스, 2005

16. 『당신의 뇌를 믿지마라』, 캐서린 제이콥슨 라민 지음, 이영미 옮김, 흐름출판, 2008

17. 『기억을 찾아서』, 에릭 캔델 지음, 전대호 옮김, 랜덤하우스코리아, 2009

18. 『슈퍼두뇌 상식사전』, 사이토 시게타 지음, 신현호 옮김, 길벗, 2009

19. 『뇌내혁명』, 하루야마 시게오 지음, 반광식 옮김, 사람과책, 1996

20. 『긍정의 뇌』, 질 볼트 테일러 지음, 장호연 옮김, 윌북, 2010

21. 『뇌를 움직이는 메모』, 사카토 켄지 지음, 김하경 옮김, 비즈니스 세상, 2009

22. 『꿈을 이룬 사람들의 뇌』, 조 디스펜자 지음, 김재일 옮김, 한언, 2009

23. 『뇌 욕망의 비밀을 풀다』, 한스 게오르크 호이젤 지음, 배진아 옮김, 흐름출판, 2008

24. 『마음을 즐겁게 하는 뇌』, 다카다 아키카즈 지음, 윤혜림 옮김, 전나무숲, 2009

25. 『똑똑한 뇌 사용설명서』, 샌드라 아모트 외 지음, 박혜원 옮김, 살림Biz, 2009

26. 『히든 브레인』, 샹커 베단텀 지음, 임종기 옮김, 초록물고기, 2010

27. 『뇌의 신비』, 야마모토 다이스케 지음, 박선무 외 옮김, 서울문화사, 2002

28. 『스키너의 심리상자 열기』, 로렌 슬레이터 지음, 조증열 옮김, 에코의서재, 2005

29. 『우리 몸의 마에스트로 뇌』, 마크 페터스 지음, 서예진 옮김, subook, 2009

30. 『슈퍼두뇌 상식사전』, 사이토 시게타 지음, 신현호 옮김, 길벗, 2009

31. 『브레인 룰스』, 존 메디나 지음, 서영조 옮김, 프런티어, 2009

32. 『레오나르도 다빈치의 두뇌 사용법』, 우젠광 지음, 류방승 옮김, 아라크네, 2011

33. 『뇌 생각의 출현』, 박문호 지음, 휴머니스트, 2008

34. 『브레인 퓨처』, 잭 린치 지음, 김유미 옮김, 해나무, 2010

35. 『빅 브레인』, 게리 린치 외 지음, 문희경 옮김, 21세기북스, 2010

| 마음(생각)과 심리를 여행하고 싶은 이들을 위한 추천 도서 40권 |

1. 『마음의 발견』, 브라이언 로빈슨 지음, 이은희 옮김, 현대미디어, 2010

2. 『설득의 심리학』, 로버트 치알디니 지음, 황혜숙 옮김, 21세기북스, 2013

3. 『서른 살이 심리학에게 묻다』, 김혜남 지음, 갤리온, 2008

4. 『스눕』, 샘 고슬링 지음, 김선아 옮김, 한국경제신문사, 2010

5. 『프레임』, 최인철 지음, 21세기북스, 2007

6. 『어른으로 산다는 것』, 김혜남 지음, 갤리온, 2006

7. 『소비의 심리학』, 로버트 B. 세틀 외 지음, 대홍기획 마케팅컨설팅그룹 옮김, 세종서적, 2014

8. 『생각의 탄생』, 로버트 루트번스타인 외 지음, 박종성 옮김, 에코의서재, 2007

9. 『긍정의 심리학』, 앨버트 엘리스 외 지음, 이은희 옮김, 황금비늘, 2007

10. 『긍정의 심리학』, 이민규 지음, 원앤원북스, 2006

11. 『긍정의 힘』(전2권), 조엘 오스틴 지음, 정성묵 옮김, 글로세움, 2005

12. 『생각을 생각하다』, 버나드 골든 지음, 강미경 옮김, 북폴리오, 2010

13. 『기적으로 이끄는 나이』, 마리안 윌리엄슨 지음, 이혜경 옮김, 나무생각, 2010

14. 『스웨이(SWAY)』, 오리 브래프먼 외 지음, 강유리 옮김, 리더스북, 2009

15. 『59초』, 리처드 와이즈먼 지음, 이충호 옮김, 웅진지식하우스, 2009

16. 『행복의 가설』, 조너선 헤이트 지음, 권오열 옮김, 물푸레, 2010

17. 『명품을 코에 감은 코끼리 행복을 찾아 나서다』, 조너선 헤이트 지음, 권오열 옮김, 물푸레, 2010

18. 『미래를 여는 생각의 기술』, 데일 카네기 지음, 임은진 옮김, 빛과향기, 2007

19. 『심리학의 즐거움』(전2권), 마틴 셀리그만 외 지음, 유진상 외 옮김, 휘닉스, 2007

20. 『5분 상상력』, 제임스 J. 메이프스 지음, 조성대 옮김, 화니북스, 2004

21. 『창의력에 미쳐라』, 김광희 지음, 넥서스 BIZ, 2010

22. 『촘스키처럼 생각하는 법』, 노르망 바야르종 지음, 강주헌 옮김, 갈라파고스, 2010

23. 『마음에게 말걸기』, 대니얼 고틀립 지음, 노지양 옮김, 문학동네, 2009

24. 『마음에 힘을 주는 사람을 가졌는가』, 톨스토이 지음, 이경아 옮김, 조화로운삶, 2009

25. 『독기학설』, 김용옥 지음, 통나무, 2004

26. 『부동의 심리학』, 사이언 베일락 지음, 박선령 옮김, 21세기북스, 2011

27. 『의식 혁명』, 데이비드 호킨스 지음, 백영미 옮김, 판미동, 2011

28. 『생각하지 않는 사람들』, 니콜라스 카 지음, 최지향 옮김, 청림출판, 2011

29. 『마인드 바이러스』, 리처드 브로디 지음, 윤미나 옮김, 흐름출판, 2010

30. 『보이지 않는 고릴라』, 크리스토퍼 차브리스 외 지음, 김명철 옮김, 김영사, 2011

31. 『마음을 여는 기술』, 대니얼 J. 시겔 지음, 오혜경 옮김, 21세기북스, 2011

32. 『생각혁명』, 새뮤얼 스마일스 지음, 이민규 옮김, 책이있는마을, 2010

33. 『마음의 힘』, 제임스 보그 지음, 정향 옮김, 한스미디어, 2011

34. 『상상력에 엔진을 달아라』, 임헌우 지음, 나남, 2007
35. 『마음의 작동법』 에드워드 L. 데시 외 지음, 이상원 옮김, 에코의서재, 2011
36. 『언씽킹(Unthinking)』, 해리 벡위드 지음, 이민주 옮김, 토네이도, 2011
37. 『싱크(THINK)』, 마이클 르고 지음, 임옥희 옮김, 리더스북, 2006
38. 『마음의 기적』, 디팩 초프라 지음, 도솔 옮김, 황금부엉이, 2018
39. 『성공적인 삶의 심리학』, 조지 E. 베일런트 지음, 한성열 옮김, 나남, 1993
40. 『마인드파워』, 존 키호 지음, 최상수 옮김, 김영사, 2003

| 배움을 추구하는 사람을 위한 추천 도서 30권 |
1. 『다산 선생 지식 경영법』, 정민 지음, 김영사, 2006
2. 『배움과 한국인의 삶』, 전상인 외 지음, 나남, 2008
3. 『생의 가배움』, 한준상 지음, 학지사, 2009
4. 『학습 동기를 높여주는 공부원리』, 캐롤 드웩 지음, 차명호 옮김, 학지사, 2008
5. 『배움의 의미』, 김성길 지음, 학지사, 2009
6. 『공부의 발견』, 정순우 지음, 현암사, 2007
7. 『가르침과 배움의 철학』, 심승환 지음, 교육과학사, 2007
8. 『배움의 기술』, 조시 웨이츠킨 지음, 박철현 옮김, 이제, 2007
9. 『슈퍼캠프 학습법』, 바비 드포터 외 지음, 최희영 옮김, 바다출판사, 2004
10. 『가르침과 배움의 영성』, 파커 J. 파머 지음, 이종태 옮김, IVP, 2000
11. 『지식의 통섭』, 최재천 외 지음, 이음, 2007
12. 『인생 공부로 승부하라』, 김상두 지음, 넒은들, 2008
13. 『민성원의 공부원리』, 민성원 지음, 대교출판, 2007
14. 『선인들의 공부법』, 박희병 지음, 창비, 2013
15. 『공부가 된다』, 크리스티안 그뤼닝 지음, 염정용 옮김, 웅진씽크빅, 2009
16. 『잘못된 자기주도학습이 내 아이를 망친다』, 엄연옥 지음, 한스미디어, 2009
17. 『지적생활의 발견』, 와타나베 쇼이치 지음, 김욱 옮김, 위즈덤하우스, 2011

18. 『지금 당장 자기주도 학습을 시작하라』, 송인강 지음, 행복한나무, 2010

19. 『교실 혁명』, 페에 치쉬 지음, 이동용 옮김, 리좀, 2005

20. 『핀란드 교사는 무엇이 다른가』, 마스다 유리야 지음, 최광렬 옮김, 시대의 창, 2010

21. 『핀란드 교육 혁명』, 한국교육연구네트워크 총서기획팀 지음, 살림터, 2010

22. 『리스타트 공부법』, 무쿠노키 오사미 지음, 김석중 옮김, 비즈니스북스, 2010

23. 『공부 잘하는 방법』, 이철한 지음, 마커스, 2009

24. 『나만의 STYLE로 공부하라』, 다케나카 헤이조 지음, 나지윤 옮김, 비즈니스세상, 2009

25. 『장정일의 공부』, 장정일 지음, 알에이치코리아, 2015

26. 『초학습법』, 노구치 유키오 지음, 김용운 옮김, 중앙일보사, 1996

27. 『완벽한 공부법』, 고영성 외 지음, 로크미디어, 2017

28. 『공부의 기쁨이란 무엇인가』, 김병완 지음, 다산에듀, 2011

29. 『공부의 즐거움』, 장회익 지음, 생각의나무, 2011

30. 『꿈을 이루는 공부습관』, 권혁도 지음, 지상사, 2009

| 책(독서)을 좋아하는 사람을 위한 추천 도서 30권 |

1. 『나는 도서관에서 기적을 만났다』, 김병완 지음, 아템포, 2013

2. 『오후반 책쓰기』, 유영택 지음, 가나북스, 2015

3. 『독서 쇼크』, 송조은 지음, 좋은시대, 2010

4. 『선택적 책읽기』, 고미야 가즈요시 지음, 홍윤주 옮김, 지상사, 2010

5. 『밤의 도서관』, 알베르토 망구엘 지음, 강주헌 옮김, 세종서적, 2011

6. 『독서의 기술』, 모티머 J. 애들러 외 지음, 민병덕 옮김, 범우사, 1986

7. 『독서의 역사』, 알베르토 망구엘 지음, 정명진 옮김, 세종서적, 2000

8. 『헤르만 헤세의 독서의 기술』, 헤르만 헤세 지음, 김지선 옮김, 뜨인돌출판사, 2006

9. 『책 사용법』, 정은숙 지음, 마음산책, 2010

10. 『장정일의 독서일기』, 장정일 지음, 범우사, 1994
11. 『책 읽는 여자는 위험하다』, 슈테판 볼만 지음, 조이한 외 옮김, 웅진지식하우스, 2006
12. 『책 읽는 책』, 박민영 지음, 지식의숲, 2005
13. 『책의 역사』, 브뤼노 블라셀 지음, 권명희 옮김, 시공사, 1999
14. 『책 사냥꾼』, 존 백스터 지음, 서민아 옮김, 동녘, 2006
15. 『책』, 김남일 지음, 문학동네, 2006
16. 『미래의 책』, 모리스 블랑쇼 지음, 최윤정 옮김, 세계사, 1993
17. 『사라진 책들의 도서관』, 알렉산더 페히만 지음, 김라합 옮김, 문학동네, 2008
18. 『맛있는 책읽기』, 김성희 지음, 한국출판마케팅연구소, 2006
19. 『깐깐한 독서본능』, 윤미화 지음, 21세기북스, 2009
20. 『세상은 한 권의 책이었다』, 소피 카사뉴 외 지음, 최애리 옮김, 미티, 2006
21. 『독서는 절대 나를 배신하지 않는다』, 사이토 다카시 지음, 김효진 옮김, 걷는나무, 2015
22. 『창조적 책읽기 다독술이 답이다』, 마쓰오카 세이고 지음, 김경균 옮김, 추수밭, 2010
23. 『책 열권을 동시에 읽어라』, 나루케 마코토 지음, 홍성민 옮김, 뜨인돌출판사, 2009
24. 『독서경영』, 박희준 외 지음, 위즈덤하우스, 2006
25. 『독서불패』, 김정진 지음, 자유로, 2005
26. 『독서 몰입의 비밀』, 스테파니 하비 외 지음, 남택현 옮김, 커뮤니티, 2008
27. 『해럴드 블룸의 독서 기술』, 해럴드 블룸 지음, 윤병우 옮김, 을유문화사, 2011
28. 『책읽기의 달인 호모 부커스』, 이권우 지음, 그린비, 2008
29. 『세계 명문가의 독서교육』, 최효찬 지음, 예담프렌드, 2015
30. 『평범한 자녀를 최고의 인재로 키워낸 조선 명문가 독서교육법』, 이상주 지음, 다음생각, 2011

| 읽으면 꿈과 목표를 갖게 되는 비전 도서 15권 |

1. 『세상을 끌어안아라』, 엘리너 루스벨트 지음, 강미경 옮김, 크림슨, 2005
2. 『인생의 나침반』, 윌리엄 J. 베네트 지음, 최승희 옮김, 미래의창, 2010
3. 『시도하지 않으면 아무것도 할 수 없다』, 지그 지글러 지음, 이구용 옮김, 큰 나무, 2013
4. 『철학이 있는 부자』, 시부사와 켄 지음, 홍찬선 옮김, 다산라이프, 2008
5. 『기적의 입버릇』, 사토 도미오 지음, 이석순 옮김, 중앙북스, 2010
6. 『플립 사이드』, 아담 J. 잭슨 지음, 노지양 옮김, 흐름출판, 2009
7. 『Change or Die(변하지 않으면 죽는다)』, 앨런 도이치먼 지음, 김이숙 옮김, 황금가지, 2008
8. 『가슴 두근거리는 삶을 살아라』, 마이크 맥매서스 지음, 인트랜스 번역원 옮김, 시대의창, 2011
9. 『위대함에 이르는 8가지 열쇠』, 진 랜드럼 지음, 김미형 옮김, 들녘, 2006
10. 『멈추지마 다시 꿈부터 써봐』, 김수영 지음, 위즈덤하우스, 2016
11. 『꿈이 나에게 묻는 열 가지 질문』, 존 맥스웰 지음, 비즈니스맵, 2010
12. 『너의 꿈에는 한계가 없다』, 이영남 지음, 민음인, 2011
13. 『파블로 이야기』, 토마스 바샵 지음, 김인순 옮김, 한국경제신문사, 2008
14. 『평생 꿈만 꿀까 지금 떠날까』, 오현숙 지음, 문학세계사, 2010
15. 『간절히 원하면 기적처럼 이루어진다』, 삭티 거웨인 지음, 박윤정 옮김, 해토, 2006

| 자기 계발(시간, 인맥. 행동, 실천력, 전략) 분야별 추천 도서 15권 |

1. 『사람을 얻는 기술』, 레일 라운즈 지음, 임정재 옮김, 토네이도, 2007
2. 『유쾌한 소통의 법칙 67』, 김창옥 지음, 나무생각, 2010
3. 『스프링』, 닉 태슬러, 이영미 옮김, 흐름출판, 2010
4. 『디테일의 힘』, 왕중추 지음, 허유영 옮김, 올림, 2005
5. 『바보 Zone』, 차동엽 지음, 여백, 2010
6. 『슬라이트 엣지』, 밥 모와드 외 지음, 조윤제 옮김, 티즈맵, 2010

7. 『확률론적 사고로 살아라』, 다부치 나오야 지음, 황선종 옮김, 더숲, 2010
8. 『나는 세렌디퍼다』, 김형곤 지음, 한언, 2010
9. 『데일 카네기의 자기 관리론』, 데일 카네기 지음, 베스트트랜스 옮김, 더클래식, 2010
10. 『명품 인생으로 사는 습관』, 이택희 지음, 오늘의책, 2007
11. 『거절을 즐겨라』, 존 퍼먼 지음, 이상미 옮김, 아름다운사회, 2006
12. 『하루 2시간 몰입의 힘』, 조시 데이비스 지음, 박슬라 옮김, 청림출판, 2017
13. 『출세의 공식』, 우에무라 미츠노리 지음, 박재현 옮김, 토네이도, 2010
14. 『발칙한 일 창조전략』, 리처드 브랜슨 지음, 김명철 옮김, 황금부엉이, 2010
15. 『시간 관리의 비밀』, 최헌 지음, 씨앗을뿌리는사람, 2009

| 자기 계발(변화, 혁신, 마인드) 분야별 추천 도서 15권 |
1. 『빙산이 녹고 있다고』, 존 코터 지음, 유영만 옮김, 김영사, 2006
2. 『재능은 어떻게 단련되는가』, 제프 콜빈 지음, 김정희 옮김, 부키, 2010
3. 『리스타트 핑』, 스튜어트 에이버리 골드 지음, 유명만 옮김, 웅진윙스, 2010
4. 『백만 불짜리 열정』, 이채욱 지음, 알에이치코리아, 2006
5. 『할 수 있다고 생각하면 무엇이든 이룰 수 있다』, 아트 윌리엄스 지음, 커뮤니티 메타 옮김, 미래지식, 2008
6. 『삼국지 실패를 말하다』, 위쉐빈 지음, 이해원 옮김, 뿌리깊은나무, 2006
7. 『이노베이터 CEO 에디슨』, 마이클 J. 겔브 외 지음, 신선해 옮김, 한언, 2008
8. 『물은 답을 알고 있다』(전2권), 에모토 마사루 지음, 홍성민 옮김, 더난출판사, 2008
9. 『생각하는 대로 된다』, 김상렬 지음, 아인북스, 2010
10. 『카르페 아퀼리스』, 프랭크 F. 런 지음, 김종욱 외 옮김, 지식의창, 2007
11. 『나는 가능성이다』, 패트릭 헨리 휴스 외 지음, 이수정 옮김, 문학동네, 2009
12. 『탁월함에 이르는 노트의 비밀』, 이재영 지음, 한티미디어, 2008
13. 『플립 잇』, 마이클 헤펠 지음, 권현민 옮김, 초록물고기, 2010

14. 『내 인생의 탐나는 자기계발 50』, 톰 버틀러 보던 지음, 이정은 옮김, 흐름 출판, 2009

15. 『변화는 종이물고기도 헤엄치게 한다』, 조너선 플럼 지음, 유영만 옮김, 한 국경제신문사, 2011

| 시를 좋아하는 이들을 위한 추천 도서 15권 |

1. 『마주보기』, 에리히 케스트너 지음, 윤진희 옮김, 한문화, 2004

2. 『접시꽃 당신』, 도종환 지음, 실천문학사, 2011

3. 『사랑하라 한번도 상처받지 않은 것처럼』, 류시화 지음, 오래된미래, 2005

4. 『너는 눈부시지만 나는 눈물겹다』, 이정하 지음, 푸른숲, 2002

5. 『서른, 잔치는 끝났다』, 최영미 지음, 창비, 2015

6. 『누군가에게 무엇이 되어』, 예반 지음, 유연희 옮김, 토파즈, 2012

7. 『넌 가끔가다 내 생각을 하지 난 가끔가다 딴 생각을 해』, 원태연 지음, 자음과모음, 2018

8. 『내가 여전히 나로 남아야 함은 아직도 널 사랑하기 때문이다』, 김기만 지음, 지원북클럽, 1991

9. 『사랑한다는 말보다 더욱 더 마음 절이는 것은 작은 웃음이다』, U. 샤퍼 지음, 서영은 옮김, 박우사, 1992

10. 『밤의 목소리』, H. W. 롱펠로우 지음, 이찬일 옮김, 선영사, 1989

11. 『서곡』, 윌리엄 워즈워스 지음, 박병희 옮김, 울산대학교 출판부, 2013

12. 『검은 늪』, 권순자 지음, 종려나무, 2010

13. 『외롭고 높고 쓸쓸한』, 안도현 지음, 문학동네, 2004

14. 『어쩌면 별들이 너의 슬픔을 가져갈지도 몰라』, 김용택 지음, 예담, 2015

15. 『윤동주 전 시집』, 윤동주 지음, 스타북스, 2017

| 에세이를 좋아하는 이들을 위한 추천 도서 10권 |

1. 『네가 어떤 삶을 살든 나는 너를 응원할 것이다』, 공지영 지음, 오픈하우스, 2008

2. 『나는 빠리의 택시운전사』, 홍세화 지음, 창작과비평사, 2006
3. 『딸에게 주는 레시피』, 공지영 지음, 한겨레출판사, 2015
4. 『두레박』, 이해인 지음, 분도출판사, 1990
5. 『그리운 말한마디』, 유안진 지음, 고려원, 1986
6. 『내 인생에 힘이 되어준 한마디』, 정호승 지음, 비채, 2006
7. 『인생은 속도가 아니라 방향이다』, 임만열 지음, 21세기북스, 2016
8. 『당신이 없으면 내가 없습니다』, 정호승 지음, 해냄출판사, 2014
9. 『빵만으로는 살 수 없다』, 이어령 지음, 열림원, 2011
10. 『시민의 불복종』, 헨리 데이비드 소로우 지음, 강승영 옮김, 은행나무, 1994

| 미래, 트렌드, 인터넷, IT에 대해 관심 있는 이들을 위한 추천 도서 20권 |

1. 『세계미래보고서 2055』, 박영숙 외 지음, 이영래 옮김, 비즈니스북스, 2017
2. 『4차 산업혁명 시대, 전문직의 미래』, 리처드 서스킨드 외 지음, 위대선 옮김, 와이즈베리, 2016
3. 『부의 미래』, 앨빈 토플러 외 지음, 김중웅 옮김, 청림출판, 2006
4. 『트렌드 읽는 기술』, 헨릭 베일가드 지음, 이진원 옮김, 비즈니스북스, 2008
5. 『오목한 미래』, 배일한 지음, 갤리온, 2009
6. 『미래의 물결』, 자크 아탈리 지음, 양영란 옮김, 위즈덤하우스, 2007
7. 『코드 그린』, 토머스 L. 프리드먼, 최정임 옮김, 21세기북스, 2008
8. 『What's Next 2015』, 글로벌비즈니스네트워크 지음, 이주형 옮김, 청년정신, 2005
9. 『위기 이후 세계』, 박봉권 외 지음, 매일경제신문사, 2009
10. 『통섭』, 에드워드 윌슨, 최재천 외 옮김, 사이언스북스, 2005
11. 『프로블로그』, 대런 로우즈 외 지음, 우성섭 옮김, e비즈북스, 2008
12. 『소셜 웹 혁신을 주도하는 하이퍼세대』, 김중태 지음, 멘토르, 2010
13. 『블로그로 나를 브랜드화 하라』, 여호영 지음, 정음, 2005
14. 『수직에서 수평으로』, 조시 버노프 외 지음, 안시열 외 옮김, 지식노마드, 2010

15. 『좋아요 소셜미디어』, 데이브 커펜 지음, 장세현 옮김, 레인메이커, 2012

16. 『마이크로 트렌드』, 마크 펜 외 지음, 안진환 옮김, 해냄출판사, 2008

17. 『왓츠넥스트』, 제인 버킹엄 외 지음, 김민주 외 지음, 웅진윙스, 2009

18. 『일의 미래 무엇이 바뀌고 무엇이 오는가』, 선대인 지음, 인플루엔셜, 2017

19. 『4차 산업혁명 미래를 바꿀 IT 트렌드』, 사이토 마사노리 지음, 이영란 옮김, 정보문화사, 2017

20. 『인공지능 투자가 퀀트』, 권용진 지음, 카멜북스, 2017

| 부자가 되고 싶은 사람을 위한 추천 도서 30권 |

1. 『부자들의 생각을 읽는다』, 이상건 지음, 비아북, 2008

2. 『부와 성공의 과학적 비밀』, 샌드라 앤 테일러 지음, 이정혜 옮김, 기원전, 2008

3. 『끌리는 인생은 1%가 다르다』, 월러스 워틀스 지음, 강주영 옮김, 눈과마음, 2009

4. 『재기』, 장옥빈 외 지음, 백은경 외 옮김, 고수, 2004

5. 『백만장자 코드』, 브라이언 트레이시 지음, 임정재 옮김, 삼진기획, 2005

6. 『한국의 부자들』, 한상복 지음, 위즈덤하우스, 2003

7. 『부자들의 개인도서관』, 이상건 지음, 랜덤하우스코리아, 2005

8. 『돈 때문에 죽으라는 법은 없다』, 조지 킨더 지음, 노주한 옮김, 수희재, 2006

9. 『1 퍼센트 부자의 법칙』, 사이토 히토리 지음, 이정환 옮김, 한국경제신문사, 2004

10. 『1년 안에 행복한 부자가 되는 지혜』, 나폴레온 힐 지음, 장은화 옮김, 국일미디어, 2004

11. 『부의 비밀』, 다니엘 라핀 지음, 김재홍 옮김, 씨앗을뿌리는사람, 2006

12. 『솔로몬 부자학 31장』, 스티븐 k.스캇 지음, 오윤성 옮김, 지식노마드, 2006

13. 『부자들의 음모』, 로버트 기요사키 지음, 윤영상 옮김, 흐름출판, 2010

14. 『가난해도 부자의 줄에 서라』(전2권), 테시마 유로 지음, 한양심 옮김, 21세기북스, 2001

15. 『리치웨이』, 스티브 챈들러 외 지음, 이민주 옮김, 프롬북스, 2008
16. 『성공을 꿈꾸는 부자의 기술』, 월레스 D. 워틀스 지음, 박진배 옮김, 다인미디어, 2010
17. 『머리 좋은 사람이 돈 못 버는 이유』, 사카모토 게이치 지음, 홍성민 옮김, 북스캔, 2007
18. 『부자들만 아는 부의 법칙』, 오화석 지음, 성공신화, 2009
19. 『부의 법칙』, 캐서린 폰더 지음, 남문희 옮김, 국일미디어, 2003
20. 『유태인들만 아는 부의 법칙』, 이시즈미 간지 지음, 이수미 옮김, 랜덤하우스코리아, 2011
21. 『부의 8법칙』, 페터 노일링 지음, 엄양선 옮김, 서돌, 2009
22. 『AUTOMATIC WEALTH』, 마이클 매스터슨 지음, 이영찬 옮김, 네모북스, 2005
23. 『나를 부자로 만드는 생각』, 로버트 콜리어 지음, 박봉호 옮김, 느낌이있는책, 2008
24. 『행복한 작은 부자의 8가지 스텝』, 혼다 켄 지음, 박정일 옮김, 청림출판, 2003
25. 『버림의 행복론』, 야마시타 히데코 지음, 박전열 옮김, 행복한책장, 2011
26. 『부자가 되려면 책상을 치워라』, 마스다 미츠히로 지음, 정락정 옮김, 이아소
27. 『부의 법칙』, 나폴레온 힐 지음, 이강락 옮김, 한스미디어, 2005
28. 『돈 사용설명서』, 비키 로빈 외 지음, 김지현 옮김, 도솔, 2011
29. 『지금 당장 롤렉스 시계를 사라』, 사토 도미오 지음, 이서연 옮김, 에버리치홀딩스, 2011
30. 『당신을 부자로 만들어 주는 것들』, 김병완 지음, 티즈맵, 2012

| 읽으면 무조건 긍정하게 되는 긍정 도서 15권 |

1. 『긍정적으로 사고하고 행동하라』, 이병훈 지음, 경향미디어, 2005
2. 『행동하는 낙관주의자』, 수잔 세거스트롬 지음, 오현미 옮김, 비전과리더십, 2007

3. 『365 매일 읽는 긍정의 한 줄』, 린다 피콘 지음, 유미성 옮김, 책이있는풍경, 2008

4. 『자존감』, 이무석 지음, 비전과리더십, 2009

5. 『좋은 것에 집중하라』, 마이크 로빈스 지음, 노지양 옮김, 위즈덤하우스, 2009

6. 『반전의 즐거움』, 찰스 레버 지음, 박혜련 옮김, 스마트비즈니스, 2009

7. 『최고를 이기는 긍정의 기술』, 더글러스 밀러 지음, 이정아 옮김, 비비컴, 2007

8. 『거센 파도는 1등 항해사를 만든다』, 새뮤얼 스마일스 지음, 은영미 옮김, 나라원

9. 『생각의 법칙 10+1』, 존 맥스웰 지음, 조영희 옮김, 청림출판, 2003

10. 『나눌수록 많아진다』, 서정욱 외 지음, 지식산업사, 2009

11. 『된다 된다 나는 된다』, 니시다 후미오 지음, 하연수 옮김, 흐름출판, 2008

12. 『적극적 사고방식』, 노만 V. 필 지음, 이정빈 옮김, 지성문화사, 1994

13. 『지금 이 순간을 살아라』, 에크하르트 톨레 지음, 노혜숙 외 옮김, 양문, 1997

14. 『하루하루가 선물입니다』, 엘리자베스 루카스 지음, 김하락 옮김, 21세기북스, 2007

15. 『마음 편하게 살아라』, 슈테판 F. 그로스 지음, 이용숙 옮김, 동아일보사, 2009

| 신앙과 영성을 추구하는 이들을 위한 추천 도서 25권 |

1. 『더치 쉬츠의 회복』, 더치 쉬츠 지음, 김지현 옮김, 두란노, 2007

2. 『하나님이 주신 보장된 삶』, 빌 길햄 지음, 유상훈 옮김, 엔시디, 2006

3. 『예수가 이끄시는 성공』, 김인환 지음, 도마의길, 2007

4. 『빌리 그레이엄의 행복』, 빌리 그레이엄 지음, 전의우 옮김, 두란노, 2007

5. 『달라이 라마의 행복론』, 달라이 라마 지음, 류시화 옮김, 김영사 2001

6. 『다시 시작하는 힘』, 전병욱 지음, 규장, 2009

7. 『복의 통로』, 서기종 지음, 오늘의책, 2007

8. 『무소유』, 법정 지음, 범우사, 1976

9. 『살아 있는 것은 다 행복하라』, 법정 지음, 조화로운삶, 2006

10. 『하나님이 키우셨어요』, 이은성 지음, 나침반, 2007

11. 『은혜 안에 머무는 삶』, 스티브 맥베이 지음, 우수명 옮김, 터치북스, 2011

12. 『기도의 심장』, E.M.바운즈 지음, 이용복 옮김, 규장, 2007

13. 『왕의 기도』, 손기철 지음, 규장, 2008

14. 『생명력』, 전병욱 지음, 규장, 2008

15. 『그리스도의 십자가』, 존 스토트 지음, 황영철 외 옮김, IVP, 2007

16. 『부흥』, 마틴 로이드 존스 지음, 서문강 옮김, 생명의 말씀사, 2002

17. 『최고의 하나님을 위한 나의 최선』, 오스왈드 챔버스 지음, 김창대 옮김, 브니엘, 2004

18. 『기적』, C.S.루이스 지음, 이종태 옮김, 홍성사, 2008

19. 『그리스도를 본받아』, 토마스 아 캠피스 지음, 최예자 옮김, 프리셉트, 2008

20. 『천국은 확실히 있다』, 토마스 주남 지음, 조용기 옮김, 서울말씀사, 2003

21. 『하나님을 아는 지식』, 제임스 패커 지음, 정옥배 옮김, IVP, 1996

22. 『임재 체험』, A.W.토저 지음, 이용복 옮김, 규장, 2007

23. 『내 자아를 버려라』, A.W. 토저 지음, 규장, 2008

24. 『순전한 기독교』, C.S.루이스 지음, 장경철 외 옮김, 홍성사, 2005

25. 『은혜 영성의 파워』, 스티브 맥베이 지음, 우수명 옮김, 터치북스, 2012

| 예술, 어학 등 기상천외한 책을 찾는 이들을 위한 추천 도서 30권 |

1. 『위대한 모순어록』, 마디 그로스 지음, 하남경 옮김, 고즈윈, 2005

2. 『WORD SMART I+II』, 애덤 로빈슨 외 지음, 넥서스, 2001

3. 『모차르트, 그 삶과 음악』, 제러미 시프먼 지음, 임선근 옮김, 포노, 2010

4. 『ASIAN POINT CONTEMPORARY ART MAGAZINE』, 포인트 편집부 지음, 비주얼아트센터보다, 2011

5. 『영어 조선을 깨우다. 1.2』, 김영철 지음, 일리, 2007

6. 『미야모토 무사시 오륜서』, 미야모토 무사시 지음, 노만수 옮김, 일빛, 2011

7. 『EBS 60분 부모』, 김미라 외 지음, 경향미디어, 2013

8. 『당신이 가져야 할 단 한 장의 카드』, 윤기형 지음, 스마트비즈니스, 2010

9. 『로드』, 테드 코노버 지음, 박혜원 옮김, 21세기북스, 2011

10. 『암산이 빨라지는 인도수학』, 인도수학연구회 지음, 장은정 옮김, 바이킹, 2011

11. 『왜 비판적으로 사고해야 하는가』, 리처드 폴 지음, 원만희 옮김, 궁리, 2008

12. 『사진에 느낌을 담는 여덟가지 방법』, 스가와라 이치고, 한빛미디어.

13. 『세계사 지식IN 사전』, 조병일 외 지음, 연암서가, 2011

14. 『5분 서양 고전』, 김욱동 지음, 작은씨앗, 2011

15. 『그들은 어떻게 살아남았을까』, 벤 셔우드 지음, 강대은 옮김, 민음인, 2011

16. 『마음이 사는 집』, 사라 수산카 지음, 이민주 옮김, 예담, 2011

17. 『나쁜생각』, 제이미 화이트 지음, 유자화 옮김, 오늘의책, 2010

18. 『자기계발대사전』, 자기경영연구소 지음, 북씽크, 2011

19. 『도킨스의 망상』, 알리스터 맥그라스 외 지음, 전성민 옮김, 살림, 2008

20. 『4시간』, 티모시 페리스 지음, 최원형 옮김, 부키, 2008

21. 『지식의 쇠퇴』, 오마에 겐이치 지음, 양영철 옮김, 말글빛냄, 2009

22. 『지상의 위대한 도서관』, 최정태 지음, 한길사, 2011

23. 『말이 인격이다』, 조항범 지음, 예담, 2009

24. 『오감 프레임』, 로렌스 D. 로젠블룸 지음, 김은영 옮김, 21세기북스, 2011

25. 『상인열전』, 이수광 지음, 진명출판사, 2010

26. 『책 죽이기』, 조란 지브코비치 지음, 유향란 옮김, 문이당, 2004

27. 『살인자의 기억법』, 김영하 지음, 문학동네, 2013

28. 『라틴어 수업』, 한동일 지음, 흐름출판, 2017

29. 『보노보노처럼 살다니 다행이야』, 김신회 지음, 놀, 2017

30. 『언어의 온도』, 이기주 지음, 말글터, 2016

| 유머 감각을 키우고 싶은 이들을 위한 추천 도서 10권 |

1. 『유대인 유머의 지혜』, 카세 히데아키 지음, 김혜숙 옮김, 회경사, 2003
2. 『세상을 가지고 노는 힘 유머력』, 최규상 지음, 북카라반, 2008
3. 『건강이 샘 솟는 웃음 성공을 부르는 웃음』, 노만택 지음, 보성출판사, 2001
4. 『유머화술 업그레이드』, 김진배 지음, 엘맨출판사, 1999
5. 『마음을 사로잡는 유머의 기술』, 정혜전 지음, 미래지식, 2005
6. 『웃음의 성공학』, 강진영 지음, 북인, 2008
7. 『고품격 유머』, 이상준 지음, 다산북스, 2006
8. 『깔깔깔 대화유머 기법』, 조관일 지음, 위즈덤하우스, 2007
9. 『웃음 영장류의 한 비밀』, 이현수 지음, 나노미디어, 2009
10. 『성공을 부르는 웃음유머』, 용혜원 지음, 나무생각, 2007

| 상처를 치유하고 싶은 이들을 위한 추천 도서 10권 |

1. 『치유』, 루이스 L. 헤이 지음, 박정길 옮김, 나들목, 2012
2. 『하루하루가 선물입니다』, 엘리자베스 루카스 지음, 김하락 옮김, 21세기북스, 2007
3. 『더 높이 튀어오르는 공처럼』, 존 니콜슨 외 지음, 노혜숙 옮김, 오푸스, 2010
4. 『마음의 휴식』, 유진 워커 지음, 김광수 옮김, 명진출판사, 2001
5. 『화』, 틱낫한 지음, 최수민 옮김, 명진출판사, 2008
6. 『상실의 시대』, 무라카미 하루키 지음, 유유정 옮김, 문학사상사, 1989
7. 『괴로움의 위안을 꿈꾸는 너희들이여』, 헤르만 헤세 지음, 장석주 옮김, 청하, 1991
8. 『힐링 소사이어티』, 이승헌 지음, 한문화, 2001
9. 『플레이 즐거움의 발견』, 스튜어트 브라운 외 지음, 윤미나 옮김, 흐름출판, 2010
10. 『세상의 중심에 너 홀로 서라』, 랄프 왈도 에머슨 지음, 강형심 옮김, 씽크뱅크, 2009

1. 『화폐경제학』, 밀턴 프리드먼 지음, 김병주 옮김, 한국경제신문사, 2009
2. 『금융 비타민』, 이성호 지음, 리더스하우스, 2009
3. 『부자의 조건 금융 IQ』, 로버트 기요사키 지음, 김현정 옮김, 황금가지, 2016
4. 『금융의 지배』, 니얼 퍼거슨 지음, 김선영 옮김, 민음사, 2016
5. 『금융투기의 역사』, 에드워드 챈슬러 지음, 강남규 옮김, 국일증권경제연구소, 2001
6. 『금융의 제왕』, 리아콰트 아메드 지음, 조윤정 옮김, 다른세상, 2010
7. 『세계 금융의 지배자 로스차일드 신화』, 리룽쉬 지음, 원녕경 옮김, 시그마북스, 2009
8. 『금융권력』, 모토야마 요시히코 지음, 김영근 옮김, 전략과문화, 2008
9. 『금융 아는 만큼 보인다』, 김재욱 지음, 중앙경제평론사, 2007
10. 『월세 부자의 비밀 노트』, 임정택 지음, 책비, 2007

3. 직업별 추천 도서

1. 『당신의 책을 가져라』, 송숙희 지음, 국일미디어, 2017
2. 『세상에서 가장 쉬운 글쓰기』, 김지노 지음, 지상사, 2009
3. 『아티스트 웨이』, 줄리아 카메론 지음, 임지호 옮김, 경당, 2017
4. 『작가가 작가에게』, 제임스 스콧 벨 지음, 한유주 옮김, 정은문고, 2011
5. 『마음을 움직이는 글쓰기』, 바텐 운슨 지음, 신승미 옮김, 지훈, 2010
6. 『유혹하는 글쓰기』, 스티븐 킹 지음, 김진준 옮김, 김영사, 2017
7. 『작가의 신념』, 조이스 캐롤 오츠 지음, 송경아 옮김, 은행나무, 2014
8. 『네 멋대로 써라』, 데릭 젠슨 지음, 김정훈 옮김, 삼인, 2005
9. 『누구나 글을 잘 쓸 수 있다』, 로버타 진 브라이언트 지음, 승영조 옮김, 예담, 2004

10. 『글쓰기의 모든 것』, 프레드 화이트 지음, 정윤미 옮김, 북씽크, 2011
11. 『우리 글 바로쓰기』(전5권), 이오덕 지음, 한길사, 2009
12. 『예술가여 무엇이 두려운가』, 데이비드 베일즈 외 지음, 임경아 옮김, 루비박스, 2006
13. 『예비 작가를 위한 창의적 글쓰기 전략』, 아델 라메트 지음, 김정희 옮김, 베이직북스, 2010
14. 『위대한 작가는 어떻게 쓰는가』, 윌리엄 케인 지음, 김민수 옮김, 교유서가, 2017
15. 『글쓰기 생각쓰기』, 윌리엄 진서 지음, 이한중 옮김, 돌베개, 2007
16. 『창의적인 글쓰기의 모든 것』, 헤더 리치 외 지음, 윤재원 옮김, 베이직북스, 2009
17. 『대통령의 글쓰기』, 강원국 지음, 메디치미디어, 2014
18. 『글쓰기 로드맵 101』, 스티븐 테일러 골즈베리 지음, 남경태 옮김, 들녘, 2007
19. 『김병완의 책쓰기 혁명』, 김병완 지음, 아템포, 2014
20. 『책쓰기 학교 인생을 바꾸다』, 김병완 지음, 북씽크, 2017

| 교육자를 위한 추천 도서 15권 |

1. 『교육학의 거장들』, 한스 쇼이얼 외 지음, 정영근 외 옮김, 한길사, 2004년
2. 『교실 밖 아이들 책으로 만나다』, 고정원 지음, 리더스가이드, 2010
3. 『영국의 독서 교육』, 김은하 지음, 대교, 2009
4. 『독일 교육 이야기』, 박성숙 지음, 21세기북스, 2010
5. 『핀란드 교육 혁명』, 한국교육연구네트워크 총서기획팀 지음, 살림터, 2010
6. 『핀란드 교실혁명』, 후쿠타 세이지 지음, 박재원 외 옮김, 비아북, 2009
7. 『덴마크 자유교육』, 송순재 지음, 민들레, 2010
8. 『선생님들에게 드리는 100가지 제안』, 수호믈린스키 지음, 수호믈린스키 교육사상연구회 옮김, 고인돌, 2010
9. 『침묵으로 가르치기』, 도널드 L. 핀켈 지음, 문희경 옮김, 다산초당, 2010

10. 『자유와 교육이 만났다 배움이 커졌다』, 호리 신이치로 지음, 김은산 옮김, 민들레, 2008
11. 『학교 없는 교육 개혁』, 데이비드 타이악 외 지음, 권창욱 외 옮김, 럭스미디어, 2013
12. 『에르끼 아호의 핀란드 교육 개혁 보고서』, 에르끼 아호 외 지음, 김선희 옮김, 한울림, 2010
13. 『인간에 대한 보편적인 앎』, 루돌프 슈타이너 지음, 최혜경 옮김, 밝은누리, 2007
14. 『핀란드 교육의 성공』, 후쿠타 세이지 지음, 나성은, 공영태 옮김, 북스힐, 2008
15. 『책따세와 함께 하는 독서교육』, 책으로따뜻한세상을만드는교사들 지음, 청어람미디어, 2005

| 창업을 희망하는 사람을 위한 추천 도서 10권 |

1. 『하버드 창업 가이드』, 아마 하이드 외 지음, 오세종 옮김, 21세기북스, 2001
2. 『아내가 창업을 한다』, 권민 지음, BYUNITAS BRAND, 2011
3. 『성공창업 성공인생』, 이준혁 지음, 현학사, 2006
4. 『웰빙창업 돈이 보인다』, 양혜숙 지음, 퉁크, 2004
5. 『월급쟁이 때려치우고 창업하기』, 김갑태 외 지음, 더난출판사, 2003
6. 『창업은 전쟁이다』, 이상헌 지음, 선미디어, 2004
7. 『창업 아이템 창업 노하우』, 이영직 지음, 나무생각, 2003
8. 『초보불패 창업전략』, 여철환 지음, 상상예찬, 2010
9. 『철저한 준비로 꿈의 창업을 시작하라』, 로마누스 월터 지음, 이광찬 옮김, 아이디북, 2004
10. 『소자본 창업의 모든 것』, 유재수 지음, 팜파스, 2004

| 일반 직장인을 위한 추천 도서 10권 |

1. 『메모의 기술』, 사카토 겐지 지음, 고은진 옮김, 해바라기, 2003

2. 『기획력』, 나카타니 아키히로 지음, 이선희 옮김, 웅진윙스, 2008

3. 『대화와 협상의 마이더스 스토리텔링』, 아네트 시몬스 지음, 김수현 옮김, 한언, 2013

4. 『협상의 법칙』, 허브 코헨 지음, 강문희 옮김, 청년정신, 2001

5. 『업무의 기술』, 하마구치 나오타 지음, 강민정 옮김, 비즈니스세상, 2009

6. 『100가지 프레임워크로 배우는 최강업무 기술』, 나가타 도요시 지음, 이경미 옮김, 스펙트럼북스, 2011

7. 『억대 연봉자는 업무습관부터 다르다』, 케네스 지글러 지음, 정경옥 옮김, 명진출판사, 2008

8. 『업무 효율을 10배 높이는 지적 생산술』, 카츠마 카즈요 지음, 나지윤 옮김, 쌤앤파커스, 2010

9. 『조직을 장악하는 매니저의 업무 기술』, 하버드 경영대학원 지음, 이현주 옮김, 웅진윙스, 2008

10. 『업무뇌』, 모기 겐이치로 지음, 박재현 옮김, 브레인월드, 2010

| 투자가를 위한 추천 도서 10권 |

1. 『부동산 대폭락 시대가 온다』, 선대인 외 지음, 한국경제신문사, 2008

2. 『주식부자들의 투자습관』, 김재영 지음, 리더스북, 2007

3. 『시골의사의 부자경제학』, 박경철 지음, 리더스북, 2011

4. 『투자의 유혹』, 장득수 지음, 흐름출판, 2006

5. 『현명한 투자자』, 벤저민 그레이엄 외 지음, 김수진 옮김, 국일증권경제연구소, 2007

6. 『주식투자의 비밀』, 메리 머핏 외 지음, 김상우 옮김, 부크홀릭, 2008

7. 『위대한 기업에 투자하라』, 필립 피셔, 박정태 옮김, 굿모닝북스, 2005

8. 『가치투자전략』, 로렌 템플턴 외 지음, 김기준 옮김, 비즈니스북스, 2009

9. 『인터넷 돈벌기 특강』, 조헌탁 지음, e비즈북스, 2010

10. 『주식 투자는 두뇌 게임이다』, 이태혁 지음, 카르페디엠, 2010

| 마케터와 회계사를 위한 추천 도서 15권 |

1. 『밀리언 셀링 마인드』, 나종호 외 지음, 책든사자, 2010

2. 『마켓 3.0』, 필립 코틀러 지음, 안진환 옮김, 타임비즈, 2010

3. 『보이지 않는 뿌리』, 홍성태 지음, 박영사, 1999

4. 『스틱』, 칩 히스 외 지음, 안진환 외 옮김, 엘도라도, 2009

5. 『관계우선의 법칙』, 빌 비숍 지음, 김승욱 옮김, 경영정신, 2001

6. 『마케팅 불변의 법칙』, 알 리스 외 지음, 이수정 옮김, 비즈니스맵, 2008

7. 『소비의 심리학』, 로버트 B. 세틀 외 지음, 대홍기획 마케팅컨설팅그룹 옮김, 세종서적, 2014

8. 『마케팅 천재가 된 맥스』, 제프 콕스 외 지음, 김영한 외 옮김, 위즈덤하우스, 2003

9. 『마케팅이란 무엇인가』, 폴 스미스 지음, 최경남 옮김, 거름, 2005

10. 『THE GOAL(더 골)』, 엘리 골드렛 외 지음, 강승덕 외 옮김, 동양문고, 2002

11. 『투자프로의 재무제표 분석법』, 카츠마 카즈요 지음, 이성현 옮김, 지상사, 2008

12. 『회계 천재가 된 홍대리 시리즈』, 손봉석 지음, 다산북스, 2007

13. 『회사에서 바로 통하는 관리회계』, 하야시 아츠무 지음, 박종민 옮김, 한빛비즈, 2009

14. 『회계학 콘서트 시리즈』, 하야시 아츠무 지음, 박종민 옮김, 한국경제신문사, 2012

15. 『회계 무작정 따라하기』, 야마다 신야 지음, 신현호 옮김, 길벗, 2005

| CEO와 리더를 위한 추천 도서 15권 |

1. 『성공하는 사람들의 열정 포트폴리오』, 제리 포라스 외 지음, 선대인 옮김, 럭스미디어, 2007

2. 『미테랑 평전』, 자크 아탈리 지음, 김용채 옮김, 뷰스, 2006

3. 『동행이인』, 기타 야스토시 지음, 박현석 옮김, 21세기북스, 2009

4. 『승자의 법칙』, 천수평 지음, 조미나 옮김, 프라임, 2006

5. 『먼데이 모닝 멘토링』, 데이비드 코트렐 지음, 송경근 옮김, 한언, 2007

6. 『The Tools Of Leadership』, 맥스 랜즈버그 지음, 김종현 옮김, 예지, 2002

7. 『CEO, 고전에서 답을 찾다』, 유필화 지음, 흐름출판, 2007

8. 『존 맥스웰 리더십 불변의 법칙』, 존 맥스웰 지음, 홍성화 옮김, 비즈니스북스, 2010

9. 『감성의 리더십』, 다니엘 골먼 지음, 장석훈 옮김, 청림출판, 2003

10. 『양치기 리더십』, 케빈 리먼 외 지음, 김승욱 옮김, 김영사, 2005

11. 『조지프 나이의 리더십 에센셜』, 조지프 S. 나이 지음, 김원석 옮김, 교보문고, 2008

12. 『덩샤오핑』, 최재선 지음, 청림출판, 2009

13. 『안중근 평전』, 황재문 지음, 한겨레출판사, 2011

14. 『김대중 평전』, 김삼웅 지음, 시대의창, 2010

15. 『마르크스 평전』, 자크 아탈리 지음, 이효숙 옮김, 예담, 2006

4. 연령별 추천 도서

| 꿈 많은 10대 청소년을 위한 추천 도서 10권 |

1. 『10대 꿈을 이루어주는 8가지 법칙』, 김태광 지음, 하늘아래, 2010

2. 『좋은 꿈 하나 말아 드립니다』, 고마쓰바라 히로코 지음, 김지연 옮김, 책과콩나무, 2010

3. 『꿈을 꾸어라』, MBC 희망특강 파랑새 지음, 리젬, 2010

4. 『워렌 버핏 소년들에게 꿈을 말하다』, 윤태익 지음, 랜덤하우스, 2009

5. 『12살 꿈은 이루어진다』, 류현아 지음, 조선북스, 2010

6. 『꿈을 향한 위대한 도전』, 박은교 지음, 꿈꾸는사람들, 2010

7. 『17살 너의 꿈을 디자인하라』, 이충호 지음, 하늘아래, 2011

8. 『네 꿈과 행복은 10대에 결정된다』, 이민규 지음, 더난출판사, 2002

9. 『존 아저씨의 꿈의 목록』, 존 고다드 지음, 임경현 옮김, 글담, 2008
10. 『16살 나는 세계 일주로 꿈을 배웠다』, 제시카 왓슨 지음, 김한결 옮김, 다산에듀, 2011

| 20대의 청춘을 위한 추천 도서 10권 |

1. 『20, 30대가 준비해야 할 인생설계』, 김사현 지음, 미래지식, 2004
2. 『20대 공부에 미쳐라』, 나카지마 다카시 지음, 김활란 옮김, 랜덤하우스코리아, 2008
3. 『씨앗 뿌리는 20대 꼭 해야 할 37가지』, 고도원 지음, 나무생각, 2005
4. 『미래의 나를 완성해주는 20대 심리학』, 곽금주 지음, 랜덤하우스코리아, 2008
5. 『20대에 침몰하는 사람 성장하는 사람』, 센다 타쿠야 지음, 김지현 옮김, 문화발전, 2011
6. 『대한민국 20대 멋진 오늘을 사는 지혜』, 이철한 지음, 포스트인하우스, 2007
7. 『20대에 꼭 알아야 할 지혜로운 이야기 49가지』, 제임스 M. 볼드윈 지음, 강미경 옮김, 느낌이있는책, 2007
8. 『20대 정답은 없다』, 크리스틴 해슬러 지음, 김수진 옮김, 홍익출판사, 2008
9. 『경제수명 2050시대 20대』, 홍성민 지음, 거름, 2005
10. 『나무처럼』, 패트리샤 헤이먼 지음, 허형은 옮김, 웅진윙스, 2007

| 뜨거운 30대를 위한 추천 도서 10권 |

1. 『20대에는 사람을 쫓고 30대에는 일에 미쳐라』, 김만기 지음, 위즈덤하우스, 2011
2. 『30대 평생 일자리에 목숨 걸어라』, 김상훈 외 지음, 위즈덤하우스, 2010
3. 『도전하는 30대 공부하라』, 와다 히데키 지음, 박현미 옮김, 파라북스, 2010
4. 『30대 다시 공부에 미쳐라』, 니시야마 아키히코 지음, 김윤희 옮김, 예문, 2008

5. 『30대에 하지 않으면 안될 50가지』, 나카타니 아키히로 지음, 이선희 옮김, 바움, 2006

6. 『30대 당신의 로드맵을 그려라』, 윤영돈 지음, 매일경제신문사, 2004

7. 『30대 30년 후 가난하지 않게 풍요롭게 사는 법』, 최성우 지음, 한스미디어, 2009

8. 『30대 나의 가치를 키워줄 귀중한 만남 50』, 나카타니 아키히로 지음, 이선희 옮김, 다산북스, 2007

9. 『날개 없는 30대 남자들의 유쾌한 낙법』, 최국태 지음, 마젤란, 2009

10. 『제2의 인생 30대에 시작하라』, 와타나베 파코 지음, 김현희 옮김, 이코노믹북스, 2004

| 불혹의 40대를 위한 추천 도서 10권 |

1. 『남자의 후반생』, 모리야 히로시 지음, 양억관 옮김, 푸른숲, 2003

2. 『인생 후반전 대비하기』, 이동우 지음, 동아일보사, 2007

3. 『40대 공부 다시 시작하라』, 와다 히데키 지음, 이성림 옮김, 롱셀러, 2002

4. 『40대, 왜 망설이고만 있는가』, 와다 히데키 지음, 김숙이 옮김, 네오비전, 2004

5. 『길어진 인생을 사는 기술』, 슈테판 볼만 지음, 유영미 옮김, 웅진지식하우스, 2008

6. 『40대 인생경영』, 김병숙 지음, 미래의창, 2008

7. 『돈 걱정 없이 행복하게 인생의 절반은 부자로 살자』, 오종윤 지음, 끌리는 책, 2011

8. 『마흔 이후 두려움과 설렘사이』, 정도영 지음, 시간여행, 2011

9. 『마흔 이후 인생작동법』, 프레데릭 M. 허드슨 지음, 김경숙 옮김, 사이, 2010

10. 『폰더 씨의 위대한 하루』, 앤디 앤드루스 지음, 이종인 옮김, 세종서적, 2011

| 50대를 위한 추천 도서 10권 |

1. 『중년이 행복해지는 여섯 가지 비결』, 히로카네 켄시 지음, 정인영 옮김, 나

들모그, 2003

2. 『류태영 박사의 나는 긍정을 선택한다』, 류태영 지음, 비전과리더십, 2007

3. 『대한민국 50대의 힘』, 탁석산 지음, 랜덤하우스코리아, 2006

4. 『산티아고 가는 길에서 유럽을 만나다』, 김효선 지음, 바람구두, 2007

5. 『지금 다시 시작할 수 있다』, 김재우 지음, 비전과리더십, 2011

6. 『아버지는 매일 가출하고 싶다』, 김희곤 지음, 다산책방, 2010

7. 『50헌장』, 빠왕독서회 지음, 샘터, 2005

8. 『50대 나 자신을 발견하는 책』, 구니시 요시히코 지음, 이정환 옮김, 자유문학사, 2003

9. 『좋아하는 일을 하며 나이든다는 것』, 사이토 시게타 지음, 신병철 옮김, 리수, 2008

10. 『나는 50에 꿈을 토핑한다』, 성신제 지음, 더난출판사, 2004

| 60대 및 어르신을 위한 추천 도서 10권 |

1. 『노년의 역사』, 조르주 미누아 지음, 박규현 외 옮김, 아모르문디, 2010

2. 『노년의 즐거움』, 김열규 지음, 비아북, 2009

3. 『노년에 인생의 길을 묻다』, 어르신사랑연구모임 지음, 궁리, 2009

4. 『아름다운 노년』, 지미 카터 지음, 김은령 옮김, 생각의나무, 2005

5. 『노년의 새로운 인생』, 이계성 지음, 뿌리출판사, 2008

6. 『행복하고 활기찬 노년을 설계한다』, 오끼후지 노리꼬 지음, 송진태 외 옮김, 홍익재, 2003

7. 『즐거운 노년 인생을 자유롭게 즐기자』, 시모쥬 아키코 지음, 오희옥 옮김, 지혜의나무, 2006

8. 『노년의 아름다운 삶』, 한국노년학회 지음, 학지사, 2008

9. 『노년을 더 활기차게』, 한네그레트 하스 지음, 홍미경 옮김, 씨뿌리는사람, 2011

10. 『존 로빈스의 100세 혁명』, 존 로빈스 지음, 박산호 옮김, 시공사, 2011

5. 인생 최고의 책 60권

1. 『나를 바로 세우는 힘』, 정젠빈 지음, 원녕경 옮김, 제이플러스, 2015
2. 『그럼에도 행복하라』, 앤드류 매튜스 지음, 양영철 외 옮김, 좋은책만들기, 2011
3. 『소서』, 황석공 외 지음, 동아일보사, 2015
4. 『지낭』, 풍몽룡 지음, 문이원 옮김, 동아일보사, 2015
5. 『당신 안의 기적을 깨워라』, 나폴레온 힐 지음, 남문희 옮김, 국일미디어, 2003
6. 『마인드 파워』, 존 키호 외 지음, 정준희 옮김, 김영사, 2006
7. 『명상록』, 마르쿠스 아우렐리우스 지음, 박문재 옮김, 현대지성, 2018
8. 『열정능력자』, 진 랜드럼 지음, 김미형 옮김, 들녘, 2011
9. 『사피엔스』, 유발 하라리 지음, 조현욱 옮김, 김영사, 2015
10. 『화내지 않는 기술』, 시마즈 요시노리 지음, 김혜정 옮김, 포북, 2011
11. 『역사에서 발견한 CEO 언어의 힘』, 박해용 지음, 삼성경제연구소, 2006
12. 『40대 위대한 공부에 미쳐라』, 김병완 지음, 퀀텀북스, 2017
13. 『책을 읽는 사람만이 손에 넣는 것』, 후지하라 가즈히로 지음, 고정아 옮김, 비즈니스북스, 2016
14. 『무엇을 버릴 것인가』, 유필화 지음, 비즈니스북스, 2016
15. 『카이로스』, 제이 하인리히 지음, 하윤숙 옮김, 8.0, 2010
16. 『적을 만들지 않는 대화법』, 샘 혼 지음, 이상원 옮김, 갈매나무 2015
17. 『온 리치』, 폴 메케나 지음, 송택순 옮김, 웅진씽크빅, 2010
18. 『관계 유연하면 풀린다』, 클로에 마다네스 지음, 나혜목 옮김, 비전과리더십, 2011
19. 『말공부』, 조윤제 지음, 흐름출판, 2014
20. 『선비들의 평생 공부법』, 김병완 지음, 이랑, 2013
21. 『숨겨진 힘 사람』, 찰스 오레일리 외 지음, 김병두 옮김, 김영사, 2002
22. 『뜨거워야 움직이고 미쳐야 내 것이 된다』, 김병완 지음, 서래BOOKS,

2013

23. 『행복의 함정』, 리처드 레이어드 지음, 정은아 옮김, 북하이브, 2011

24. 『주역을 활용한 실전 100 손자병법』, 김교운 지음, 지식공감, 2013

25. 『생각을 뛰게 하라』, 노나카 이쿠지로 외 지음, 양영철 옮김, 흐름출판, 2012

26. 『죽기 전에 답해야 할 101가지 질문』, 잭 캔필드 외 지음, 류지원 옮김, 토네이도, 2012

27. 『오늘 내 인생 최고의 날』, 스티븐 코비 외 지음, 김경섭 옮김, 김영사, 2007

28. 『어떻게 인생을 살 것인가』, 쑤린 지음, 원녕경 옮김, 다연, 2015

29. 『10만 시간의 공포』, 김흥중 지음, 가나북스, 2016

30. 『내 안에 잠든 작가의 재능을 깨워라』, 안성진 지음, 가나북스, 2016

31. 『당신의 뇌를 코칭하라』, 추교진, 가나북스, 2016

32. 『욕망이론』, 자크 라캉, 권택영 외 옮김, 문예출판사, 1994

33. 『공간의 시학』, 가스통 바슐라르 지음, 곽광수 옮김, 동문선, 2003

34. 『자녀교육 불변의 법칙』, 칼 비테 지음, 베스트트랜스 옮김, 미르에듀, 2017

35. 『리딩으로 리드하라』, 이지성 지음, 차이정원, 2016

36. 『익숙한 것과의 결별』, 구본형 지음, 을유문화사, 2007

37. 『자기경영노트』, 공병호 지음, 21세기북스, 2001

38. 『프로페셔널의 조건』, 피터 F. 드러커 지음, 이재규 옮김, 청림출판, 2013

39. 『위대한 나의 발견 강점 혁명』, 마커스 버킹엄 외 지음, 박정숙 옮김, 청림, 2013

40. 『설원』, 유향 지음, 김영식 옮김, 지식을만드는지식, 2016

41. 『그리스인 조르바』, 니코스 카잔차키스 지음, 유재원 옮김, 문학과지성사, 2018

42. 『참을 수 없는 존재의 가벼움』, 밀란 쿤데라 지음, 이재룡 옮김, 민음사, 1999

43. 『로마인 이야기』(전15권), 시오노 나나미 지음, 김석희 옮김, 한길사, 2004

44. 『월든』, 헨리 데이비드 소로 지음, 강승영 옮김, 은행나무, 2011

45. 『총 균 쇠』, 재레드 다이아몬드 지음, 김진준 옮김, 문학사상, 2005

46. 『잃어버린 시간을 찾아서』(전6권), 마르셀 프루스트 지음, 김희영 옮김, 민음사, 2016

47. 『데일 카네기 인간관계론』, 데일 카네기 지음, 강성복 외 옮김, 리베르, 2011

48. 『타이탄의 도구들』, 팀 페리스 지음, 박선령 외 옮김, 토네이도, 2017

49. 『그릿』, 앤절라 더크워스 지음, 김미정 옮김, 비즈니스북스, 2016

50. 『40대를 위한 삶의 기술 마흔 혁명』, 김병완 지음, 퀀텀앤북스, 2017

51. 『고전오락』, 허경태 지음, 큰나무, 2015

52. 『탁월한 전략이 미래를 창조한다』, 리치 호워드 지음, 박상진 옮김, 진성북스, 2015

53. 『잠재의식의 힘』, 조셉 머피 지음, 김미옥 옮김, 미래지식, 2011

54. 『교육론』, 존 로크 지음, 박혜원 옮김, 비봉출판사, 2011

55. 『좌뇌와 우뇌 사이』, 마지드 포투히 지음, 서정아 옮김, 토네이도, 2014

56. 『인간의 조건』, 한나 아렌트 지음, 이진우 옮김, 한길사, 2017

57. 『상상력 사전』, 베르나르 베르베르 지음, 이세욱 외 옮김, 열린책들, 2011

58. 『신음어』, 여곤 지음, 안길환 옮김, 명문당, 1998

59. 『미라클』, 오리슨 스웨트 마든 지음, 김우열 옮김, 21세기북스, 2008

60. 『THE ANSWER 해답』, 존 아사라프 외 지음, 이경식 옮김, 랜덤하우스코리아, 2008

백수의 1만 권 독서법
억대 연봉 대신 도서관 백수를 선택한 책 바보의 독서법 이야기

초판 1쇄 인쇄 2018년 7월 23일
초판 1쇄 발행 2018년 8월 3일

지은이   김병완
펴낸이   염현숙
편집인   신정민

편집   신정민 박민주
디자인   이현정
마케팅   정민호 한민아 최원석
모니터링   이희연
홍보   김희숙 김상만 이천희
제작   강신은 김동욱 임현식
제작처   예림인쇄 중앙제책

펴낸곳   아템포
출판등록   2014년 7월 6일 제406-2014-000064호
주소   10881 경기도 파주시 회동길 210
전자우편   paper@munhak.com | 팩스 031-955-8855
문의전화   031-955-8886(마케팅) 031-955-3583(편집)

ISBN   978-89-546-5259-9 13020

• 아템포는 출판그룹 문학동네의 임프린트입니다.
  이 책의 판권은 지은이와 아템포에 있습니다.
  이 책 내용의 전부 또는 일부를 재사용하려면 반드시 양측의 서면 동의를 받아야 합니다.

• 이 도서의 국립중앙도서관 출판시도서목록(CIP)은 서지정보유통지원시스템 홈페이지
  (http://seoji.nl.go.kr)와 국가자료공동목록시스템(http://www.nl.go.kr/kolisnet)에서
  이용하실 수 있습니다. (CIP제어번호: CIP2018022487)

• 잘못된 책은 구입하신 곳에서 바꿀 수 있습니다.